VIAGGIO NELL'ISLAM
una guida passo dopo passo per abbracciare la fede

Sommario

Introduzione

Convertirsi all'Islam è un viaggio profondo e trasformativo che comprende non solo un cambiamento nelle convinzioni religiose, ma un riorientamento olistico della propria vita. Questo libro, "Viaggio nell'Islam: una guida passo dopo passo per abbracciare la fede", è progettato per guidarti attraverso questo viaggio con chiarezza, compassione e intuizioni complete.

L'Islam, una delle principali religioni del mondo, offre un ricco quadro spirituale ed etico che è stato abbracciato da milioni di persone in tutto il mondo. Comprendere l'essenza dell'Islam, le sue credenze fondamentali e le sue pratiche è il primo passo verso questa trasformazione spirituale. Questa introduzione ti fornirà una panoramica di ciò che l'Islam comporta, il significato della conversione e l'impatto che può avere sulla tua vita.

Questo libro mira a rispondere alle tue domande, ad alleviare le tue preoccupazioni e a fornire una guida pratica mentre esplori e alla fine abbracci l'Islam. Include storie personali di coloro che si sono convertiti, offrendo prospettive ed esperienze diverse che riflettono la natura multiforme di questo viaggio.

Che tu stia cercando una connessione più profonda con il divino, un senso di comunità o risposte alle domande profonde della vita, questa guida fungerà da mappa stradale. Ti aiuterà a navigare tra le fasi di apprendimento dell'Islam, preparazione alla conversione, integrazione delle pratiche islamiche nella tua vita quotidiana e crescita spirituale all'interno della fede.

Per intraprendere questo percorso sono necessarie sincerità, apertura e la volontà di imparare e crescere. Con questo libro, non sei solo; fai parte di una comunità più ampia di individui che hanno intrapreso passi simili e hai il supporto e le risorse per guidarti in ogni fase del percorso.

Capire l'Islam

L'Islam è una delle principali religioni monoteiste del mondo, con oltre un miliardo di fedeli in tutto il mondo. È una fede radicata nella fede in un solo Dio (Allah in arabo) ed è caratterizzata da uno stile di vita completo che comprende sia le pratiche religiose che la condotta quotidiana. Per comprendere appieno l'Islam, bisogna approfondire le sue credenze fondamentali, le sue pratiche, la sua storia e il profondo impatto che ha sulla vita dei suoi seguaci.

Al centro dell'Islam c'è la fede nell'unicità di Dio, nota come Tawhid. Questo concetto fondamentale afferma che Allah è l'unico creatore, sostenitore e sovrano dell'universo. Allah è unico, senza partner o uguali, e possiede tutti gli attributi perfetti. Questa fede nell'unicità di Dio plasma ogni aspetto della vita di un musulmano, promuovendo un profondo senso di devozione, umiltà e responsabilità.

La seconda pietra angolare della fede islamica è l'accettazione di Maometto come ultimo profeta e messaggero di Allah. I musulmani credono che nel corso della storia Allah abbia inviato numerosi profeti per guidare l'umanità, tra cui Adamo, Noè, Abramo, Mosè e Gesù. Maometto, considerato il "Sigillo dei Profeti", ricevette la rivelazione finale, il Corano, oltre 1.400 anni fa a Mecca e Medina, regioni dell'attuale Arabia Saudita. Il Corano, considerato la parola letterale di Dio, è centrale nella fede e nella pratica islamica. Fornisce una guida su tutti gli aspetti della vita, dalle questioni spirituali a quelle sociali e legali.

I Cinque Pilastri dell'Islam sono le pratiche fondamentali che definiscono la fede e le azioni di un musulmano. Sono:

1. **Shahada (Dichiarazione di fede)** : la Shahada è la professione di fede musulmana, che afferma: "Non c'è altro dio all'infuori di Allah e Muhammad è il Suo Messaggero". Questa dichiarazione è il punto di ingresso nell'Islam e deve

essere recitata con sincera convinzione.

2. **Salah (Preghiera)** : i musulmani sono tenuti a compiere cinque preghiere quotidiane in orari specifici: alba (Fajr), mezzogiorno (Dhuhr), metà pomeriggio (Asr), tramonto (Maghrib) e sera (Isha). Queste preghiere servono come collegamento diretto tra il fedele e Allah, promuovendo la disciplina, la crescita spirituale e un senso di comunità tra i musulmani.

3. **Zakat (Carità)** : l'Islam enfatizza la giustizia sociale e la cura dei meno fortunati. Zakat, una forma obbligatoria di elemosina, richiede ai musulmani di donare una parte della loro ricchezza (solitamente il 2,5% dei loro risparmi) a chi è nel bisogno. Questa pratica purifica la ricchezza, riduce le disuguaglianze e promuove la solidarietà.

4. **Sawm (digiuno durante il Ramadan)** : durante il mese islamico del Ramadan, i musulmani digiunano dall'alba al tramonto. Questo digiuno include l'astensione dal cibo, dalle bevande, dal fumo e dalle relazioni coniugali. Sawm insegna l'autodisciplina, l'empatia per gli affamati e la gratitudine per le benedizioni.

5. **Hajj (Pellegrinaggio alla Mecca)** : ogni musulmano fisicamente e finanziariamente in grado deve compiere il pellegrinaggio alla Mecca almeno una volta nella vita. L'Hajj si svolge durante il mese islamico di Dhu al-Hijjah e include una serie di rituali volti a simboleggiare l'unità della ummah (comunità) musulmana e la sottomissione ad Allah.

Oltre a queste pratiche fondamentali, l'Islam comprende un sistema legale ed etico completo noto come Sharia. Derivata dal Corano e dagli Hadith (i detti e le azioni registrati del Profeta Muhammad), la Sharia fornisce linee guida su tutti gli aspetti della vita, comprese le questioni familiari, le transazioni commerciali e la giustizia penale. La Sharia mira a promuovere la giustizia, la misericordia e il benessere della società, assicurando al contempo che i musulmani vivano in conformità con la volontà di Allah.

La spiritualità islamica è profondamente intrecciata con queste pratiche e credenze. Il sufismo, o misticismo islamico, rappresenta la dimensione interiore e spirituale dell'Islam. I sufi cercano un'esperienza diretta e personale di Dio attraverso pratiche come il dhikr (ricordo di Allah), la meditazione e l'ascetismo. Gli ordini sufi, o tariqa, spesso si formano attorno a leader spirituali che guidano i loro seguaci sul cammino verso l'illuminazione spirituale e una comunione più stretta con Allah.

La storia dell'Islam è ricca e complessa, a partire dalla vita del profeta Maometto nel VII secolo. Dopo aver ricevuto la sua prima rivelazione da Allah tramite l'angelo Gabriele, Maometto iniziò a predicare il messaggio del monoteismo e della giustizia sociale. Nonostante la resistenza e la persecuzione iniziali, l'Islam guadagnò gradualmente seguaci e fondò una forte comunità a Medina. Dopo la morte di Maometto, fu istituito il sistema del califfato per continuare la sua leadership, portando alla rapida espansione del dominio islamico in Medio Oriente, Nord Africa e oltre.

Nel corso della storia, la civiltà islamica ha apportato contributi significativi a vari campi, tra cui scienza, medicina, matematica, filosofia e arti. L'età dell'oro islamica, che si estende all'incirca dall'VIII al XIV secolo, ha visto notevoli progressi e una fioritura culturale. Studiosi come Al-Khwarizmi (il padre dell'algebra), Ibn Sina (Avicenna, un pioniere della medicina) e Al-Ghazali (un rinomato teologo e filosofo) hanno avuto un impatto duraturo che ha avuto risonanza ben oltre il mondo musulmano.

Nei tempi moderni, l'Islam continua a essere una fede dinamica e diversificata, praticata da persone di culture e background diversi. La comunità musulmana globale, o ummah, comprende un'ampia gamma di tradizioni e interpretazioni. Sunniti e sciiti sono i due rami principali dell'Islam, che differiscono in alcune prospettive teologiche e storiche, in particolare per quanto riguarda la legittima successione alla leadership dopo la morte del profeta Maometto. Nonostante queste differenze, tutti i musulmani condividono un impegno fondamentale per le credenze e le pratiche fondamentali dell'Islam.

Comprendere l'Islam implica anche riconoscere i suoi valori di pace, compassione e giustizia sociale. La parola "Islam" stessa deriva dalla radice araba "slm", che significa pace, sottomissione e sicurezza. I musulmani si salutano con "As-salamu alaykum", che significa "La pace sia con voi". Questa enfasi sulla pace e la comunità è centrale negli insegnamenti islamici, sebbene, come ogni religione importante, sia stata soggetta a varie interpretazioni e contesti politici.

In sintesi, l'Islam è una religione ricca e poliedrica che offre un profondo percorso spirituale e uno stile di vita completo. Le sue convinzioni fondamentali nell'unicità di Dio e nella profezia di Maometto, le sue pratiche fondamentali incarnate nei Cinque Pilastri e il suo vasto sistema legale ed etico forniscono un solido quadro per la condotta personale e comunitaria. Comprendere l'Islam implica apprezzare la sua profondità spirituale, il suo significato storico e la sua rilevanza contemporanea, offrendo spunti su come milioni di persone in tutto il mondo trovino significato, scopo e comunità attraverso la loro fede.

Perché convertire?

Decidere di convertirsi all'Islam è una scelta significativa e profondamente personale che può essere guidata da vari fattori. Per molti, rappresenta un profondo risveglio spirituale e una ricerca di una connessione più profonda con il divino. I principi fondamentali dell'Islam, che sottolineano l'unicità di Dio e la profezia di Muhammad, risuonano con coloro che cercano chiarezza, scopo e un quadro morale completo.

Una delle ragioni più convincenti per la conversione è l'attrattiva del credo monoteistico dell'Islam. Il concetto di Tawhid, l'assoluta unicità di Dio, offre una comprensione chiara e inequivocabile del divino. Questa convinzione fornisce un senso di pace e certezza, libero dalle complessità e dalle contraddizioni che alcuni potrebbero trovare in altre tradizioni religiose. Per molti, la semplicità e la purezza del monoteismo islamico sono profondamente attraenti.

Un'altra potente motivazione è il Corano stesso. In quanto libro sacro dell'Islam, si ritiene che il Corano sia la parola letterale di Dio, rivelata al profeta Maometto oltre 1.400 anni fa. I suoi insegnamenti coprono tutti gli aspetti della vita, dalla condotta personale alla giustizia sociale. Molti convertiti sono attratti dall'enfasi del Corano sulla compassione, la misericordia e l'importanza della giustizia e dell'uguaglianza. La profondità spirituale e intellettuale del Corano, unita alla sua bellezza poetica, spesso ispira profonda riflessione e trasformazione.

Anche la vita e l'esempio del profeta Muhammad svolgono un ruolo cruciale nella decisione di convertirsi. Come ultimo profeta di una lunga serie di messaggeri, la vita di Muhammad è vista come un modello di pietà, umiltà e dedizione a Dio. I suoi insegnamenti e le sue azioni, meticolosamente registrati nell'Hadith, forniscono una guida pratica per condurre una vita retta ed equilibrata. I convertiti spesso trovano in Muhammad una figura con cui è facile identificarsi e che ispira, la cui vita offre esempi concreti di come vivere i principi islamici.

Anche la comunità e l'appartenenza sono fattori significativi. L'Islam promuove un forte senso di ummah, o fratellanza globale, che trascende i confini etnici, culturali e nazionali. Questo senso di comunità può essere particolarmente attraente in un mondo sempre più frammentato. Molti convertiti sono attratti dal calore, dall'ospitalità e dalla solidarietà che sperimentano all'interno delle comunità musulmane. Questo senso di appartenenza e di sostegno reciproco può fornire una forte rete di sostentamento emotivo e spirituale.

Un'altra grande attrazione è il quadro etico e morale dell'Islam. Gli insegnamenti islamici offrono una guida chiara su questioni di moralità, giustizia sociale e condotta personale. Questo sistema etico completo si basa sui principi di giustizia, compassione e responsabilità, che sono articolati attraverso la Sharia. Per coloro che cercano un approccio alla vita strutturato e basato su principi, l'Islam fornisce un quadro etico coerente e olistico che affronta sia le preoccupazioni personali che quelle sociali.

Le storie personali di conversione spesso evidenziano momenti di profonde esperienze o realizzazioni spirituali. Queste possono includere esperienze di intervento divino, sogni o un senso di pace interiore e certezza quando si impara a conoscere l'Islam. Tali esperienze possono essere potenti catalizzatori per la conversione, rafforzando l'attrattiva intellettuale ed emotiva della fede.

Inoltre, la disciplina e la struttura fornite dalle pratiche islamiche possono essere profondamente attraenti. I cinque pilastri dell'Islam - Shahada (fede), Salah (preghiera), Zakat (carità), Sawm (digiuno) e Hajj (pellegrinaggio) - offrono un quadro chiaro e coerente per il culto e la vita quotidiana. Queste pratiche non solo migliorano la crescita spirituale, ma promuovono anche l'autodisciplina, il coinvolgimento della comunità e un accresciuto senso di scopo.

Per alcuni, la decisione di convertirsi è influenzata da eventi significativi della vita o da relazioni. Sposare un partner musulmano, ad esempio, può spingere a esplorare la fede e portare a una decisione personale di convertirsi. Allo stesso modo, sperimentare grandi cambiamenti di vita o crisi può ispirare una ricerca di significato e stabilità, che alcuni trovano negli insegnamenti dell'Islam.

Inoltre, l'attrattiva intellettuale dell'Islam non può essere sottovalutata. Molti convertiti sono attratti dalla coerenza logica e dalla profondità filosofica della teologia islamica. La religione incoraggia il pensiero critico, la riflessione e la ricerca della conoscenza, che risuona con coloro che apprezzano l'impegno intellettuale insieme alla devozione spirituale.

Nel mondo odierno, dove spesso dominano materialismo e consumismo, gli insegnamenti spirituali ed etici dell'Islam offrono un'alternativa significativa. L'enfasi sulla semplicità, l'umiltà e la gratitudine nell'Islam offre un contrappeso alle pressioni e alle distrazioni della vita moderna. Per molti, convertirsi all'Islam rappresenta un ritorno ai valori essenziali e a un modo di vivere più radicato e mirato.

In definitiva, la decisione di convertirsi all'Islam è una decisione multiforme, plasmata da una combinazione di fattori spirituali, intellettuali, emotivi e sociali. Il viaggio di ogni persona è unico, riflettendo le sue esperienze, riflessioni e aspirazioni individuali. Tuttavia, comune a tutti i convertiti è il desiderio di una connessione più profonda con Dio, una comprensione più chiara dello scopo della vita e un senso di appartenenza a una comunità globale di fede. Convertirsi all'Islam non significa solo adottare un nuovo insieme di credenze e pratiche; significa intraprendere un viaggio trasformativo che rimodella la propria identità, i propri valori e la propria visione del mondo in modi profondi e duraturi.

Auto-riflessione

L'auto-riflessione è un passo iniziale cruciale per chiunque stia considerando la conversione all'Islam. Comporta un esame profondo e onesto delle proprie convinzioni, valori e motivazioni. Questo processo non riguarda solo la valutazione delle dottrine religiose, ma anche la comprensione delle aspirazioni personali, delle esperienze di vita e dei bisogni spirituali.

Inizia a riflettere sulle tue attuali convinzioni e pratiche spirituali. Quali aspetti della tua fede o visione del mondo attuale risuonano in te e quali aspetti ritieni carenti o insoddisfacenti? L'auto-riflessione richiede di riconoscere apertamente questi sentimenti. Ci sono domande o dubbi particolari con cui ti stai confrontando? Identificarli può aiutarti a chiarire se l'Islam affronta le tue preoccupazioni in modo significativo.

Considera il tuo viaggio spirituale fino a questo punto. Hai sperimentato momenti di profonda intuizione o trasformazione che potrebbero indirizzarti verso l'Islam? Rifletti su eventuali esperienze spirituali passate, pratiche religiose o rivelazioni personali. Queste esperienze spesso modellano i nostri percorsi spirituali e possono fornire preziose intuizioni sul perché potresti essere attratto dall'Islam.

Un altro aspetto importante dell'auto-riflessione è esaminare i tuoi valori personali e come si allineano con gli insegnamenti islamici. L'Islam pone una forte enfasi su principi come giustizia, compassione, onestà e umiltà. Rifletti su come questi valori risuonano con il tuo senso di moralità ed etica. Ti trovi naturalmente incline verso questi valori o sono aree in cui cerchi crescita e allineamento?

L'auto-riflessione implica anche la valutazione delle tue motivazioni per considerare la conversione. Sei attratto dall'Islam per un genuino interesse spirituale o ci sono fattori esterni che influenzano la tua decisione, come relazioni, pressioni sociali o tendenze culturali? Comprendere le tue vere motivazioni aiuta a garantire che la tua decisione sia basata su una convinzione sincera piuttosto che su ragioni transitorie o superficiali.

Considera come le credenze e le pratiche fondamentali dell'Islam si allineano con i tuoi obiettivi personali e il tuo stile di vita. Ad esempio, cosa pensi dei concetti di monoteismo, della finalità della profezia e delle pratiche di preghiera quotidiana, digiuno e carità? Rifletti se questi elementi sono compatibili con il tuo stile di vita attuale e se sei pronto a integrarli nella tua vita quotidiana.

Rifletti sui potenziali cambiamenti che la conversione potrebbe portare nella tua vita. Ciò include cambiamenti nelle tue routine quotidiane, interazioni sociali e forse anche dinamiche familiari. Sei pronto per questi cambiamenti? Sei pronto ad abbracciare una nuova comunità e ad affrontare possibili sfide o opposizioni da parte di chi ti circonda? L'auto-riflessione implica la preparazione mentale ed emotiva per questi cambiamenti.

È anche utile considerare gli aspetti emotivi della conversione. Come ti senti riguardo all'idea di unirti a una nuova comunità di fede? Sei emozionato, ansioso o apprensivo? Questi sentimenti sono naturali e importanti da riconoscere mentre valuti la tua decisione. Comprendere le tue risposte emotive può aiutarti ad affrontare il processo con maggiore chiarezza e prontezza.

Impegnarsi nell'auto-riflessione può anche comportare la ricerca di una guida da parte di persone fidate che ti conoscono bene. Possono offrire prospettive e intuizioni che potresti non aver considerato da solo. Le conversazioni con amici, familiari o mentori spirituali possono fornire ulteriore supporto e aiutarti a esplorare i tuoi pensieri più a fondo.

Infine, l'auto-riflessione dovrebbe essere un processo continuo. È importante rivisitare periodicamente i tuoi pensieri e sentimenti mentre continui a imparare sull'Islam. Questa riflessione continua aiuta a garantire che la tua decisione rimanga allineata con la tua comprensione ed esperienze in evoluzione.

In sintesi, l'auto-riflessione è un passo fondamentale nel processo di conversione. Comporta un esame approfondito delle tue convinzioni, dei tuoi valori, delle tue motivazioni e della tua prontezza al cambiamento. Impegnandoti in un'auto-riflessione onesta e ponderata, puoi ottenere una comprensione più chiara dei tuoi bisogni spirituali e se l'Islam offre un percorso che risuona veramente con il tuo viaggio personale. Questo processo non solo aiuta a prendere una decisione informata, ma ti prepara anche per un abbraccio significativo e impegnato della fede.

Ricerca e apprendimento

La ricerca e l'apprendimento sono passaggi essenziali nel percorso verso la conversione all'Islam. Questa fase comporta un'esplorazione profonda e approfondita della fede, dei suoi insegnamenti e delle sue pratiche per garantire che la tua decisione sia ben informata e genuina. Il processo di comprensione dell'Islam è multiforme e comprende dimensioni teologiche, storiche, pratiche e culturali.

Per iniziare, è fondamentale familiarizzare con i testi fondamentali dell'Islam. Il Corano è il libro sacro principale dell'Islam, ritenuto la parola letterale di Dio come rivelata al profeta Maometto. È importante avvicinarsi al Corano con una mente aperta e analitica, leggendo le traduzioni se non si parla arabo e consultando varie interpretazioni per ottenere una comprensione completa. Studiare il Corano implica non solo la lettura dei suoi versetti, ma anche la riflessione sui loro significati e su come si applicano alla vita quotidiana.

Accanto al Corano, gli Hadith, che sono i detti e le azioni del Profeta Muhammad, forniscono spunti essenziali sugli aspetti pratici della vita islamica. La letteratura Hadith è vasta e, sebbene alcune raccolte siano più autorevoli, è utile esplorare fonti diverse per ottenere una prospettiva più ampia. L'impegno con gli Hadith aiuta a comprendere il contesto in cui è stato rivelato il Corano e come gli insegnamenti dell'Islam sono stati applicati storicamente.

Un altro aspetto importante della ricerca è comprendere la vita del profeta Muhammad, l'ultimo messaggero dell'Islam. La sua biografia, nota come Sira, offre lezioni preziose e contesto per gli insegnamenti trovati nel Corano e negli Hadith. Imparando a conoscere la sua vita, le sue lotte e il suo carattere, puoi ottenere un apprezzamento più profondo per i principi e i valori dell'Islam. Sono disponibili numerose biografie e resoconti storici che descrivono in dettaglio la sua vita e lo sviluppo iniziale della comunità islamica.

È anche utile esplorare lo sviluppo storico dell'Islam. Comprendere come si è diffusa la fede, la sua interazione con diverse culture e il suo ruolo nel plasmare le civiltà può fornire una prospettiva più ricca sulle sue pratiche e sui suoi insegnamenti. La storia dell'Islam include la sua espansione in varie regioni, lo sviluppo della giurisprudenza islamica e i contributi degli studiosi musulmani a vari campi come la scienza, la filosofia e le arti. Questo contesto storico aiuta ad apprezzare l'impato globale dell'Islam e delle sue diverse espressioni.

Oltre allo studio dei testi e della storia, è fondamentale confrontarsi con il pensiero islamico contemporaneo. L'Islam, come tutte le principali religioni, è praticato e interpretato in modi diversi in tutto il mondo. Leggere studiosi e pensatori islamici contemporanei può fornire spunti su come l'Islam è compreso e vissuto oggi. Ciò include l'esplorazione di diverse scuole di pensiero all'interno dell'Islam, come le tradizioni sunnite e sciite, e la comprensione delle loro interpretazioni di questioni chiave.

Anche frequentare lezioni, seminari e corsi sull'Islam può essere molto utile. Molte moschee e centri islamici offrono programmi educativi per coloro che sono interessati ad apprendere di più sulla fede. Questi programmi spesso includono discussioni sulla teologia, legge e spiritualità islamiche, nonché consigli pratici su come integrare le pratiche islamiche nella vita quotidiana. Partecipare a queste opportunità educative può fornire un'interazione diretta con individui competenti e promuovere una comprensione più profonda della fede.

Conversare con i musulmani e visitare le moschee sono passaggi pratici che possono migliorare notevolmente la tua esperienza di apprendimento. Le interazioni personali con i musulmani possono fornire approfondimenti di prima mano sulla fede e le sue pratiche. Queste conversazioni possono aiutare a chiarire domande, affrontare preoccupazioni e offrire un senso dell'aspetto comunitario dell'Islam. Le visite alle moschee ti consentono di osservare le pratiche di culto, partecipare agli eventi della comunità e sperimentare l'ambiente sociale e spirituale di una comunità musulmana.

Quando si fa ricerca sull'Islam, è importante approcciare le fonti in modo critico. C'è una grande quantità di informazioni disponibili online e in forma cartacea, ma non tutte le fonti sono ugualmente affidabili o oggettive. È consigliabile consultare studiosi, istituzioni e libri di buona reputazione che sono ben considerati all'interno della comunità musulmana. Evita fonti che potrebbero presentare una visione parziale o incompleta dell'Islam, poiché potrebbero distorcere la tua comprensione.

Anche l'auto-studio e la riflessione sono una parte cruciale di questa fase. Mentre leggi e impari, prenditi del tempo per riflettere su come gli insegnamenti dell'Islam si allineano con le tue convinzioni e i tuoi valori. Considera come i principi dell'Islam potrebbero avere un impatto sulla tua vita, sia spiritualmente che praticamente. Questo processo riflessivo aiuta a integrare nuove conoscenze e a valutare come risuonano con il tuo percorso personale.

Un altro aspetto importante della tua ricerca è comprendere le pratiche islamiche. Familiarizza con i rituali quotidiani, come le cinque preghiere quotidiane, il digiuno durante il Ramadan e la donazione della zakat (carità). Imparare a conoscere queste pratiche e il loro significato fornisce una prospettiva pratica su come gli insegnamenti islamici vengono applicati nella vita quotidiana. Osservare o partecipare a queste pratiche, se possibile, può anche offrire un apprezzamento più profondo del loro ruolo nella fede musulmana.

Oltre alle pratiche religiose, è importante comprendere le dimensioni sociali e culturali dell'Islam. Culture diverse interpretano e praticano l'Islam in vari modi e comprendere questi contesti culturali può arricchire la tua comprensione della fede. Imparare l'etica islamica, i principi di giustizia sociale e il ruolo della comunità può fornire una visione olistica di come l'Islam influenza il comportamento personale e sociale.

Man mano che avanzi nella tua ricerca e apprendimento, tieni un diario o un registro dei tuoi pensieri e domande. Documentare le tue riflessioni, intuizioni e qualsiasi incertezza può aiutarti a tracciare il tuo percorso e a chiarire la tua comprensione. Questo registro può anche servire come una risorsa preziosa mentre continui a esplorare e ad impegnarti con la fede.

In sintesi, il processo di ricerca e apprendimento sull'Islam è un viaggio completo e continuo. Comprende lo studio del Corano e degli Hadith, l'esplorazione della vita del Profeta Muhammad, la comprensione della storia islamica e del pensiero contemporaneo e l'interazione con la comunità musulmana. Questa esplorazione approfondita aiuta a garantire che la tua decisione di convertirti sia informata e sincera, in linea con le tue convinzioni e i tuoi valori personali. Affrontando questo processo con apertura e diligenza, poni le basi per un'adesione significativa e impegnata all'Islam.

Incontro con i musulmani

Incontrare musulmani e interagire con la comunità musulmana è un passo fondamentale per chiunque stia pensando di convertirsi all'Islam. Questa interazione fornisce preziose intuizioni sulle esperienze vissute dai musulmani, aiuta a dissipare idee sbagliate e offre supporto mentre percorri il tuo cammino verso l'abbraccio della fede.

Inizia visitando le moschee locali. Le moschee non sono solo luoghi di culto, ma anche centri comunitari dove i musulmani si riuniscono per preghiere, programmi educativi ed eventi sociali. Quando visiti una moschea, osserva i rituali di preghiera e il senso di comunità che pervade l'ambiente. Molte moschee offrono case aperte o programmi di benvenuto specificamente per i non musulmani e per coloro che sono interessati a conoscere l'Islam. Questi eventi offrono una grande opportunità per fare domande, conoscere le pratiche islamiche e incontrare i musulmani in un ambiente accogliente.

Interagisci con l'imam o il leader religioso della moschea. Gli imam sono esperti di insegnamenti e pratiche islamiche e possono fornire indicazioni su questioni teologiche e pratiche. Possono anche metterti in contatto con risorse, gruppi di studio e altri membri della comunità che possono supportarti nel tuo processo di apprendimento. Costruire una relazione con un imam può essere particolarmente utile in quanto può rispondere alle tue domande e preoccupazioni specifiche con profondità e chiarezza.

Partecipa agli eventi e alle attività della comunità organizzati dalla moschea o dai centri islamici. Questi eventi spaziano da celebrazioni religiose come l'Eid a workshop educativi, campagne di beneficenza e incontri sociali. Partecipare a questi eventi ti consente di sperimentare l'aspetto comunitario dell'Islam e di vedere come i musulmani praticano la loro fede nella vita di tutti i giorni. Offre inoltre opportunità di incontrare persone di diversa estrazione e ascoltare le loro storie ed esperienze personali.

Prendi in considerazione l'idea di unirti a un gruppo di studio o di seguire corsi offerti dalla moschea o dalle organizzazioni islamiche locali. Molte comunità hanno programmi per coloro che sono interessati a conoscere l'Islam, tra cui corsi sul Corano, Hadith, storia islamica e arabo. Questi corsi non solo migliorano le tue conoscenze, ma ti consentono anche di entrare in contatto con altri che stanno vivendo un percorso simile. I gruppi di studio spesso promuovono un senso di cameratismo e forniscono un ambiente di supporto per discutere ed esplorare la fede.

Anche interagire con amici, colleghi o conoscenti musulmani può essere una parte preziosa di questo processo. Se conosci personalmente dei musulmani, contattali ed esprimi il tuo interesse nell'apprendere di più sulla loro fede. Molti musulmani sono felici di condividere le loro esperienze, rispondere a domande e offrire supporto. Le interazioni personali possono fornire una comprensione più sfumata e intima di come l'Islam influenza la vita quotidiana e i valori personali.

Anche le comunità online e i social media possono svolgere un ruolo nell'incontro con i musulmani e nell'apprendimento dell'Islam. Molti musulmani sono attivi sui social media, condividendo le loro esperienze, intuizioni e conoscenze. Unirsi a forum online, seguire influencer musulmani e partecipare a discussioni virtuali può fornire prospettive e risorse aggiuntive. Tuttavia, è importante affrontare le informazioni online in modo critico e cercare fonti affidabili e individui competenti.

Quando incontri musulmani, affronta queste interazioni con rispetto, apertura e un genuino desiderio di imparare. Sii consapevole delle sensibilità culturali e dell'etichetta. Ad esempio, vestirsi in modo sobrio quando si visita una moschea e mostrare rispetto durante i momenti di preghiera sono gesti apprezzati. Ascoltare attivamente e mostrare apprezzamento per le intuizioni condivise dagli altri può aiutare a costruire connessioni positive e significative.

Quando ti relazioni con la comunità musulmana, potresti imbatterti in diverse interpretazioni e pratiche all'interno dell'Islam. Sunniti e sciiti sono i due rami principali, ognuno con le proprie tradizioni e scuole di pensiero. Comprendere queste differenze può fornire una visione più completa dell'Islam e aiutarti ad apprezzare la sua ricca diversità. Fai domande e cerca di comprendere le ragioni alla base di diverse pratiche e credenze, promuovendo una prospettiva rispettosa e informata.

Incontrare musulmani offre anche l'opportunità di apprendere le sfide e le gioie della pratica dell'Islam nella società contemporanea. Molti musulmani affrontano incomprensioni e stereotipi, e ascoltare le loro esperienze può offrire preziose intuizioni sulle realtà della vita da musulmani oggi. Questa comprensione può approfondire la tua empatia e prepararti alle potenziali sfide che potresti incontrare dopo la conversione.

Considera di fare volontariato o di partecipare ad attività di beneficenza organizzate dalla comunità musulmana. L'Islam pone una forte enfasi sulla beneficenza e sulla giustizia sociale, e impegnarsi in queste attività può fornire una comprensione pratica di questi valori. Ti consente inoltre di contribuire positivamente alla comunità e di costruire relazioni attraverso il servizio condiviso.

Rifletti sulle tue esperienze mentre incontri musulmani e ti impegni con la comunità. Prendi nota di ciò che ti risuona, delle domande che sorgono e delle intuizioni che ottieni. Queste riflessioni possono aiutarti a chiarire la tua comprensione e i tuoi sentimenti sulla conversione all'Islam. Forniscono anche una base per ulteriori esplorazioni e apprendimento.

Incontrare musulmani e integrarsi nella comunità è un processo continuo che si estende oltre le interazioni iniziali. Mentre continui ad apprendere e crescere nella tua comprensione dell'Islam, queste relazioni svolgeranno un ruolo cruciale nel tuo viaggio spirituale.

Offrono supporto, amicizia e un senso di appartenenza che è essenziale per una pratica della fede appagante e impegnata.

In sintesi, incontrare i musulmani e impegnarsi con la comunità è un passo fondamentale nel processo di conversione all'Islam. Fornisce approfondimenti di prima mano sulla fede, offre supporto e guida e promuove un senso di appartenenza. Partecipando alle attività della moschea, assistendo agli eventi della comunità, unendosi a gruppi di studio e costruendo relazioni personali, puoi approfondire la tua comprensione dell'Islam e prepararti per una conversione significativa e informata. Questo impegno non solo arricchisce la tua conoscenza, ma ti aiuta anche a integrarti nella comunità musulmana, rendendo il tuo viaggio spirituale più olistico e supportato.

Comprendere il Corano

Il Corano, considerato dai musulmani come la parola letterale di Dio, rivelata al profeta Maometto per oltre 23 anni, è il testo più significativo dell'Islam. È la fonte ultima di guida per tutti gli aspetti della vita, che comprende teologia, moralità, legge e spiritualità. Per coloro che stanno considerando la conversione all'Islam, comprendere il Corano è un passo cruciale per comprendere l'essenza della fede. Questo viaggio implica non solo la lettura e l'interpretazione del testo, ma anche l'apprezzamento delle sue dimensioni storiche, linguistiche e spirituali.

Il Corano è composto da 114 capitoli, noti come sure, che variano in lunghezza e coprono una gamma di argomenti. Ogni sura è divisa in versetti chiamati ayah. Il testo è scritto in arabo classico e la sua lingua è considerata dai musulmani ineguagliabile per la sua bellezza ed eloquenza. Per chi non parla arabo, sono disponibili numerose traduzioni ed è utile consultare più traduzioni per catturare le sfumature della lingua originale. Tuttavia, i musulmani credono che la vera essenza del Corano possa essere pienamente apprezzata solo in arabo, rendendo l'apprendimento della lingua un prezioso sforzo per una comprensione più profonda.

Il processo di comprensione del Corano inizia con la familiarità con la sua struttura e i suoi temi. Il Corano affronta concetti teologici fondamentali, come l'unicità di Dio (Tawhid), lo scopo della creazione e l'aldilà. Fornisce inoltre indicazioni sulla condotta personale, la giustizia sociale, le relazioni familiari e il comportamento etico. Leggere il Corano con la consapevolezza di questi temi aiuta a contestualizzare i suoi versetti e a comprenderne la rilevanza per vari aspetti della vita.

Un aspetto significativo della comprensione del Corano è il riconoscimento del suo contesto storico e culturale. Le rivelazioni avvennero nell'Arabia del VII secolo e molti versetti rispondono a eventi o problemi specifici affrontati dalla prima comunità musulmana. Conoscere il contesto in cui sono stati rivelati particolari versetti può fornire approfondimenti più profondi sui loro significati e applicazioni. Questa prospettiva storica è spesso elaborata nella scienza di Asbab al-Nuzul (le ragioni della rivelazione), che spiega le circostanze che circondano la rivelazione di versetti specifici.

L'impegno con il Tafsir, l'esegesi o il commento al Corano, è essenziale per una comprensione completa. Studiosi classici e contemporanei hanno scritto ampie opere di Tafsir che spiegano i significati, le implicazioni e i contesti dei versetti coranici. Rinomati studiosi di Tafsir, come Ibn Kathir, Al-Tabari e Al-Qurtubi, offrono spiegazioni dettagliate che aiutano a chiarire versetti e temi complessi. Le opere di Tafsir moderne, come quelle di Sayyid Qutb e Maulana Maududi, forniscono interpretazioni contemporanee che affrontano questioni attuali. Studiare il Tafsir consente un impegno più profondo e informato con il testo.

Un altro aspetto importante per comprendere il Corano sono le sue caratteristiche linguistiche e letterarie. Il Corano è rinomato per il suo stile unico, i suoi espedienti retorici e le sue qualità poetiche. Utilizza varie tecniche letterarie, tra cui metafore, similitudini e parabole, per trasmettere efficacemente i suoi messaggi. Apprezzare questi elementi letterari migliora la comprensione da parte del lettore della profondità e della bellezza del testo. Gli studiosi spesso analizzano il linguaggio del Corano per scoprire strati di significato e apprezzarne il potere artistico ed espressivo.

La lettura riflessiva e la contemplazione, note come Tadabbur, sono fondamentali per comprendere il Corano. I musulmani sono incoraggiati a riflettere sui significati dei versetti e su come si applicano alle loro vite. Questo approccio riflessivo implica non solo un impegno intellettuale, ma anche una connessione spirituale ed emotiva con il testo. Contemplando i versetti, i lettori possono acquisire intuizioni personali e sviluppare una relazione più profonda con gli insegnamenti del Corano.

Il Corano sottolinea anche l'importanza di ricercare conoscenza e comprensione. Incoraggia i credenti a riflettere sul mondo naturale, sulla storia umana e sulle proprie esperienze come segni della presenza e della guida di Dio. Questo approccio olistico all'apprendimento implica l'integrazione dello studio del Corano con più ampie attività intellettuali e spirituali. Partecipare a discussioni con individui competenti, frequentare circoli di studio e partecipare a lezioni coraniche può arricchire ulteriormente la propria comprensione.

Comprendere il Corano implica anche riconoscere la sua guida etica e morale. Il Corano fornisce un quadro completo per la condotta personale e sociale, sottolineando valori come giustizia, compassione, onestà e umiltà. Riflettere su questi insegnamenti etici e sforzarsi di incarnarli nella vita quotidiana è un aspetto cruciale dell'impegno con il Corano. Aiuta a trasformare la conoscenza teorica in azione pratica, allineando il proprio comportamento con i principi della fede.

La dimensione spirituale del Corano è un altro elemento critico da esplorare. Il Corano non è solo un libro di leggi e guida, ma anche una fonte di nutrimento e ispirazione spirituale. Si rivolge alla vita interiore del credente, offrendo conforto, incoraggiamento e saggezza. Si ritiene che recitare e ascoltare il Corano, specialmente nella sua versione originale araba, abbia un profondo impatto spirituale. Molti musulmani trovano conforto e forza nella recitazione ritmica e melodiosa del Corano, nota come Tilawah.

Infine, comprendere il Corano è un viaggio che dura tutta la vita. Il testo è ricco di significati e intuizioni che possono essere scoperti attraverso studio, riflessione e pratica continui. Man mano che la conoscenza e l'esperienza di una persona crescono, cresce anche la profondità della comprensione e dell'apprezzamento per il Corano. Questo impegno continuo promuove una relazione dinamica e in evoluzione con il testo, consentendo ai suoi insegnamenti di ispirare e guidare continuamente.

In sintesi, comprendere il Corano implica un approccio multiforme che include lo studio del suo testo, contesto e interpretazione, apprezzandone le qualità linguistiche e letterarie, impegnandosi in una lettura riflessiva e contemplativa e integrandone gli insegnamenti etici e spirituali nella vita quotidiana. Questo impegno completo non solo fornisce una comprensione più profonda della fede, ma alimenta anche una profonda connessione con il messaggio divino che il Corano incarna. Impegnandosi in questo processo, gli individui possono abbracciare pienamente la saggezza e la guida del Corano mentre si dirigono verso l'adozione dell'Islam.

La vita del profeta Maometto

Il profeta Muhammad, l'ultimo profeta dell'Islam, è una figura centrale la cui vita e i cui insegnamenti hanno profondamente plasmato la fede. La sua storia di vita, o Sirah, non è solo un resoconto storico, ma una fonte di ispirazione e guida per i musulmani di tutto il mondo. Comprendere la vita di Muhammad fornisce spunti essenziali sui fondamenti dell'Islam e sui suoi principi etici e morali.

Muhammad nacque nel 570 d.C. nella città di Mecca, nell'attuale Arabia Saudita. Apparteneva alla tribù dei Quraysh, una tribù rispettata e influente della Mecca. Suo padre, Abdullah, morì prima che lui nascesse, e sua madre, Amina, morì quando lui aveva sei anni. Rimasto orfano in giovane età, Muhammad fu cresciuto dal nonno, Abdul Muttalib, e in seguito dallo zio, Abu Talib. Queste prime esperienze di perdita e difficoltà plasmarono profondamente il suo carattere, instillando in lui qualità di empatia, resilienza e umiltà.

Da giovane, Muhammad si guadagnò una reputazione per la sua onestà e integrità, guadagnandosi il soprannome di "Al-Amin", che significa "l'affidabile". Lavorò come mercante e fu impiegato da Khadijah, una ricca vedova. Colpita dal suo carattere e dal suo acume negli affari, Khadijah propose a Muhammad di sposarlo e si sposarono quando lui aveva 25 anni e lei 40. Il loro matrimonio fu una partnership felice e di supporto e Khadijah rimase un sostegno cruciale per Muhammad durante i suoi primi anni da profeta.

La vita di Muhammad prese una svolta fondamentale all'età di 40 anni, quando iniziò a ricevere rivelazioni divine. Mentre meditava nella grotta di Hira sul Monte Noor, ricevette la visita dell'angelo Gabriele, che gli trasmise i primi versetti del Corano. Questo evento segnò l'inizio della sua missione come profeta. Inizialmente, le rivelazioni turbarono profondamente Muhammad, ma Khadijah lo confortò e lo rassicurò del suo carattere nobile e del suo scopo divino.

Nei primi anni, il messaggio di monoteismo e giustizia sociale di Muhammad fu diffuso discretamente tra familiari e amici stretti. I suoi primi seguaci, tra cui Khadijah, suo cugino Ali e il suo caro amico Abu Bakr, formarono il nucleo della nascente comunità musulmana. Tuttavia, man mano che il suo messaggio divenne più pubblico, incontrò una feroce opposizione da parte dei leader Quraysh che lo vedevano come una minaccia al loro potere sociale ed economico, che era strettamente legato alle pratiche politeistiche della Mecca.

Nonostante l'ostilità, Muhammad perseverò nella sua missione, predicando l'unicità di Dio (Tawhid), l'importanza dell'integrità morale e la necessità di giustizia sociale. I suoi insegnamenti sfidarono le ingiustizie e le iniquità della società meccana, tra cui il maltrattamento delle donne, dei poveri e degli schiavi. Questo messaggio trovò eco in molti, portando a un numero crescente di convertiti da vari strati sociali.

La crescente persecuzione dei musulmani alla Mecca portò infine alla migrazione, o Hijra, nella città di Yathrib (in seguito nota come Medina) nel 622 d.C. Questa migrazione segna l'inizio del calendario islamico. A Medina, Muhammad fondò una nuova comunità basata sui principi islamici. Divenne non solo un leader spirituale, ma anche un leader politico e sociale, mediando i conflitti e unendo le diverse tribù della regione.

A Medina, la comunità musulmana crebbe rapidamente. La leadership di Muhammad e le rivelazioni da lui ricevute gettarono le basi per la legge e il governo islamici. La Costituzione di Medina, redatta sotto la sua guida, fu un documento pionieristico che stabilì una società pluralistica in cui musulmani, ebrei e altre comunità potevano coesistere pacificamente sotto un quadro giuridico comune.

La vita di Muhammad a Medina fu segnata da diversi eventi significativi, tra cui battaglie con i Quraysh e altre tribù. La battaglia di Badr nel 624 d.C. fu una vittoria cruciale per i musulmani, dimostrando la loro resilienza e il loro supporto divino. Tuttavia, battaglie successive, come la battaglia di Uhud e la battaglia della trincea, misero alla prova la forza e l'unità della comunità. Attraverso queste sfide, la leadership e l'acume strategico di Muhammad furono evidenti, mentre navigava sia su strade militari che diplomatiche per garantire la sopravvivenza e la crescita della comunità musulmana.

Il trattato di Hudaybiyyah del 628 d.C. fu un punto di svolta, poiché consentì una tregua di dieci anni tra i musulmani e i Quraysh. Questo trattato fornì un periodo di pace durante il quale l'Islam si diffuse in modo significativo nella penisola arabica. Due anni dopo, nel 630 d.C., Maometto e i suoi seguaci conquistarono pacificamente la Mecca, segnando una vittoria epocale. Entrando nella città, Maometto perdonò i suoi ex persecutori e purificò la Kaaba rimuovendone gli idoli, ristabilendola come centro del culto monoteistico.

Gli ultimi anni della vita di Muhammad furono dedicati al consolidamento della comunità musulmana e alla diffusione del messaggio dell'Islam. Il suo pellegrinaggio d'addio nel 632 d.C. fu un evento significativo in cui pronunciò il suo Sermone d'addio, che riassumeva i principi fondamentali dell'Islam. Sottolineò l'uguaglianza, la giustizia e l'importanza di seguire il Corano e la sua Sunnah (pratiche e detti) come fonti di guida.

Muhammad morì nel 632 d.C. a Medina. La sua morte segnò la fine della profezia nell'Islam, ma la sua eredità continuò attraverso i suoi insegnamenti e la comunità che fondò. Il Corano e gli Hadith rimangono le principali fonti di guida per i musulmani, mentre il suo carattere esemplare e la sua leadership continuano a ispirare.

Comprendere la vita del profeta Maometto è fondamentale per comprendere i fondamenti dell'Islam. Le sue esperienze, le sue sfide e i suoi trionfi forniscono un contesto per le rivelazioni coraniche e lo sviluppo dei principi islamici. La vita di Maometto esemplifica i valori di compassione, giustizia e fermezza, fungendo da modello senza tempo per i musulmani di tutto il mondo. Studiando la sua vita, si ottiene un apprezzamento più profondo del profondo impatto che ha avuto nel plasmare una religione che continua a guidare milioni di persone oggi.

Pratiche e rituali islamici

Le pratiche e i rituali islamici costituiscono il nucleo della vita quotidiana di un musulmano, fornendo struttura e una connessione diretta con Dio. Queste pratiche non sono solo atti di adorazione, ma sono parte integrante della vita spirituale ed etica di un musulmano, promuovendo disciplina, comunità e un ricordo costante di Dio. Comprendere queste pratiche è essenziale per chiunque stia considerando la conversione all'Islam, poiché sono fondamentali per vivere la fede.

Una delle pratiche più fondamentali nell'Islam è la dichiarazione di fede, nota come Shahada. La Shahada è la testimonianza che non c'è altro dio che Allah, e Muhammad è il Suo messaggero. Questa dichiarazione è il primo pilastro dell'Islam e simboleggia l'ingresso nella fede musulmana. È una dichiarazione semplice ma profonda che racchiude l'essenza della fede islamica e serve come promemoria costante dell'impegno di un musulmano verso Dio.

Il secondo pilastro dell'Islam è la Salah, le cinque preghiere quotidiane. Queste preghiere vengono eseguite in momenti specifici durante il giorno: all'alba (Fajr), a mezzogiorno (Dhuhr), a metà pomeriggio (Asr), al tramonto (Maghrib) e alla sera (Isha). La Salah è un collegamento diretto tra il fedele e Dio, offrendo momenti di riflessione, gratitudine e supplica. Ogni preghiera prevede specifiche posture fisiche, tra cui stare in piedi, inchinarsi e prostrarsi, che simboleggiano la sottomissione a Dio. La regolarità della Salah infonde disciplina e struttura, assicurando che i musulmani mantengano un focus spirituale durante tutto il giorno.

Zakat, il terzo pilastro dell'Islam, è la pratica della beneficenza. Richiede ai musulmani di donare una quota fissa della loro ricchezza, solitamente il 2,5% dei loro risparmi, a chi è nel bisogno. Zakat non è semplicemente un atto di beneficenza, ma un obbligo che purifica la ricchezza e promuove la giustizia sociale. Garantisce la ridistribuzione delle risorse all'interno della comunità, alleviando la povertà e sostenendo coloro che sono meno fortunati. Adempiendo a questo dovere, i musulmani riconoscono che la loro ricchezza è un dono di Dio e che sono responsabili di aiutare gli altri.

Il quarto pilastro è Sawm, il digiuno durante il mese di Ramadan. Il Ramadan è il nono mese del calendario lunare islamico ed è considerato il mese più sacro. Durante il Ramadan, i musulmani digiunano dall'alba al tramonto, astenendosi da cibo, bevande e altri bisogni fisici. Il digiuno viene interrotto ogni sera con un pasto chiamato Iftar. Sawm è un momento di riflessione spirituale, maggiore devozione e comunità. Insegna autodisciplina, empatia per gli affamati e gratitudine per le provvidenze di Dio. Il pasto prima dell'alba, Suhoor, e l'Iftar serale sono spesso eventi comunitari, che promuovono un senso di unità e sostegno tra i musulmani.

Il quinto pilastro dell'Islam è l'Hajj, il pellegrinaggio alla Mecca. L'Hajj è un obbligo per tutti i musulmani che sono fisicamente e finanziariamente in grado di intraprenderlo almeno una volta nella vita. Si verifica ogni anno durante il mese islamico di Dhu al-Hijjah. Il pellegrinaggio prevede una serie di rituali eseguiti in diversi giorni, tra cui il Tawaf (giro attorno alla Kaaba), il Sa'i (camminata tra le colline di Safa e Marwah) e la sosta nelle pianure di Arafat in supplica. L'Hajj è un profondo viaggio spirituale che simboleggia l'unità dei musulmani in tutto il mondo e la loro sottomissione a Dio. Commemora le azioni del profeta Abramo e della sua famiglia, sottolineando i temi del sacrificio, dell'umiltà e della devozione.

Oltre a questi cinque pilastri, ci sono altre pratiche e rituali importanti nell'Islam. Una di queste pratiche è la recitazione e lo studio del Corano, il libro sacro dell'Islam. I musulmani credono che il Corano sia la parola letterale di Dio, rivelata al profeta Maometto in 23 anni. Recitare il Corano è considerato una forma di adorazione e comprenderne gli insegnamenti è essenziale per vivere una vita islamica. Molti musulmani si sforzano di leggere il Corano ogni giorno e di riflettere sui suoi significati, spesso memorizzandone parti o l'intero testo.

Un'altra pratica fondamentale è l'osservanza della Jumu'ah, la preghiera congregazionale del venerdì. La Jumu'ah si tiene ogni venerdì a mezzogiorno ed è una preghiera comunitaria che include un sermone (khutbah) pronunciato dall'imam. È un momento in cui i musulmani si riuniscono, pregano insieme e ascoltano la guida religiosa. Partecipare alla Jumu'ah è obbligatorio per gli uomini musulmani, mentre le donne sono incoraggiate a partecipare ma possono pregare a casa se lo desiderano. Questo incontro settimanale rafforza i legami comunitari e rafforza il culto collettivo.

Le pratiche islamiche comprendono anche leggi alimentari, come il divieto di consumare carne di maiale e alcol. Halal, che significa lecito, definisce cosa i musulmani possono mangiare e bere, e queste leggi alimentari sono osservate come atti di obbedienza a Dio. La pratica di mangiare halal si estende oltre il cibo per includere il trattamento etico e umano degli animali.

Anche l'igiene personale e la purezza sono enfatizzate nell'Islam. I musulmani eseguono l'abluzione (wudu) prima delle preghiere, che consiste nel lavare mani, viso e piedi. Questa purificazione rituale simboleggia la pulizia spirituale e la prontezza a stare di fronte a Dio. Esistono anche delle linee guida per la pulizia personale, come l'obbligo di lavarsi dopo aver usato il bagno e l'enfasi sul mantenimento di un ambiente di vita pulito.

I rituali islamici spesso segnano eventi significativi della vita, come la nascita, il matrimonio e la morte. La nascita di un bambino viene celebrata con l'Aqiqah, una cerimonia di assegnazione del nome che include il sacrificio di un animale e la distribuzione della sua carne ai poveri. Il matrimonio è un contratto sacro nell'Islam e la cerimonia nuziale (Nikah) include la recitazione di versetti del Corano e lo scambio di voti. I riti funebri nell'Islam includono il lavaggio e il velo del corpo, l'esecuzione di una speciale preghiera funebre (Salat al-Janazah) e la sepoltura. Questi rituali sottolineano la sacralità della vita e l'importanza del sostegno della comunità durante i momenti significativi.

In sintesi, le pratiche e i rituali islamici sono centrali nella vita di un musulmano, fornendo un quadro per il culto, la condotta etica e il coinvolgimento della comunità. I cinque pilastri (Shahada, Salah, Zakat, Sawm e Hajj) costituiscono il fondamento della pratica islamica, guidando i musulmani nella loro vita quotidiana e nel loro viaggio spirituale. Ulteriori pratiche, come la recitazione del Corano, la partecipazione al Jumu'ah, l'osservanza delle leggi alimentari e il mantenimento dell'igiene personale, arricchiscono ulteriormente la fede di un musulmano e l'aderenza ai principi islamici. Comprendere e abbracciare queste pratiche è essenziale per chiunque stia considerando la conversione all'Islam, poiché incarnano i valori fondamentali e gli impegni della fede.

Shahada - Dichiarazione di fede

La Shahada, o Dichiarazione di fede, è il primo e più fondamentale pilastro dell'Islam. È una dichiarazione semplice ma profonda che simboleggia l'ingresso di una persona nella fede islamica e racchiude le credenze fondamentali dell'Islam. La Shahada afferma: "Ashhadu alla ilaha illa Allah, wa ashhadu anna Muhammadur rasul Allah", che si traduce in "Testimonio che non c'è altro dio che Allah, e testimonio che Muhammad è il messaggero di Allah".

La Shahada non è solo un'affermazione verbale, ma un impegno profondo e personale verso i principi dell'Islam. È la dichiarazione dell'unicità di Dio (Tawhid) e l'accettazione di Muhammad come Suo profeta finale. Questa testimonianza sottolinea l'essenza monoteistica dell'Islam e la fede nella natura unica e incomparabile di Dio, che è l'unico creatore e sostenitore dell'universo.

La prima parte della Shahada, "Non c'è altro dio che Allah", afferma il monoteismo assoluto che è centrale nella teologia islamica. Afferma che Dio è uno, senza partner o uguali, e rifiuta qualsiasi forma di politeismo o idolatria. Questa dichiarazione non solo riconosce la sovranità di Dio, ma comporta anche la completa sottomissione alla Sua volontà. Riconoscendo Allah come unica divinità, un musulmano si impegna ad adorarLo esclusivamente e a seguire la Sua guida come rivelato nel Corano e attraverso gli insegnamenti del Profeta Muhammad.

La seconda parte della Shahada, "Muhammad è il messaggero di Allah", afferma la fede in Muhammad come l'ultimo profeta di una lunga serie di messaggeri inviati da Dio per guidare l'umanità. Questo riconoscimento include l'accettazione del Corano come fonte ultima di guida divina e il seguire la Sunnah, che comprende i detti, le azioni e le approvazioni del profeta Muhammad. Dichiarando Muhammad come messaggero di Dio, un musulmano si impegna a seguire il suo esempio e i suoi insegnamenti in tutti gli aspetti della vita.

La Shahada è la pietra angolare della fede e della pratica di un musulmano. È il primo passo per diventare musulmano e viene recitata con sincerità e convinzione. Per coloro che si convertono all'Islam, la recitazione pubblica della Shahada in presenza di testimoni significa la loro accettazione ufficiale nella comunità musulmana. Questo atto è una profonda trasformazione spirituale, che segna l'inizio di una nuova vita guidata dai principi islamici.

Oltre alla sua dichiarazione iniziale, la Shahada viene recitata regolarmente nelle preghiere quotidiane (Salah) e in altri atti di adorazione. Serve come promemoria costante delle convinzioni fondamentali di un musulmano e del suo impegno verso Dio e il suo profeta. La Shahada svolge anche un ruolo significativo nella chiamata musulmana alla preghiera (Adhan), che viene annunciata dalle moschee cinque volte al giorno, invitando i fedeli alla preghiera e rafforzando i principi centrali dell'Islam.

La Shahada non è solo una dichiarazione verbale, ma anche un invito all'azione. Richiede ai musulmani di vivere la propria vita in conformità con gli insegnamenti islamici, sforzandosi di sostenere i valori di giustizia, compassione e integrità. Incoraggia la ricerca della conoscenza, l'esecuzione di buone azioni e l'evitamento del peccato. La dichiarazione di fede diventa quindi un principio guida che plasma i pensieri, le azioni e le interazioni di un musulmano con gli altri.

Oltre al suo significato teologico, la Shahada ha profonde implicazioni spirituali e sociali. Unisce i musulmani di tutto il mondo in una fede condivisa e in un senso di fratellanza e sorellanza. Indipendentemente dalle differenze culturali, linguistiche o geografiche, la Shahada crea un legame tra tutti i musulmani, promuovendo una comunità globale di fede. Questo senso di unità e solidarietà è un aspetto potente dell'identità islamica.

La Shahada riflette anche la natura inclusiva dell'Islam. È una chiamata universale che invita tutte le persone a riconoscere l'unicità di Dio e la profezia di Muhammad. L'Islam insegna che tutti i profeti, inclusi Adamo, Noè, Abramo, Mosè e Gesù, hanno trasmesso lo stesso messaggio essenziale di monoteismo e sottomissione a Dio. La Shahada, quindi, è vista come una continuazione e un culmine di questo messaggio divino, che chiama le persone ad abbracciare la rivelazione finale portata da Muhammad.

Per i musulmani, la Shahada è una fonte di pace interiore e forza. Fornisce chiarezza e scopo, ancorando le loro vite all'adorazione di Dio e al seguire la Sua guida. La recitazione continua e la riflessione sulla Shahada rafforzano la fede di un musulmano e lo ispirano a vivere una vita di pietà e rettitudine.

In sintesi, la Shahada è la dichiarazione fondamentale della fede islamica, che afferma l'unicità di Dio e la profezia di Maometto. È una dichiarazione semplice ma profonda che simboleggia l'ingresso di una persona nell'Islam e funge da promemoria costante delle convinzioni fondamentali di un musulmano. Oltre al suo significato teologico, la Shahada ha profonde implicazioni spirituali e sociali, unendo i musulmani di tutto il mondo in un impegno condiviso verso Dio e il Suo messaggero. È un principio guida che plasma la vita di un musulmano, ispirandolo a vivere in conformità con gli insegnamenti islamici e promuovendo un senso di comunità globale e fratellanza.

Purificazione e preghiera (Salah)

La purificazione e la preghiera (Salah) sono componenti essenziali della vita spirituale di un musulmano, che costituiscono il secondo pilastro dell'Islam. Queste pratiche servono a stabilire una connessione diretta e personale con Dio, a fornire struttura e disciplina alla vita quotidiana e a rafforzare i principi fondamentali della fede islamica.

La purificazione, o Tahara, è un prerequisito per la Salah ed è di fondamentale importanza nell'Islam. Comprende sia la pulizia fisica che la purezza spirituale. La purificazione fisica comprende pratiche come Wudu (abluzione), Ghusl (lavaggio rituale di tutto il corpo) e Tayammum (abluzione a secco), mentre la purificazione spirituale riguarda la purificazione del cuore dai peccati e dai tratti dannosi.

Wudu è la forma più comune di purificazione e viene eseguita prima di ciascuna delle cinque preghiere quotidiane. Consiste nel lavare mani, bocca, naso, viso, braccia, testa e piedi in una sequenza specifica. Questo atto di lavaggio non solo assicura la pulizia fisica, ma serve anche come purificazione simbolica dell'anima, preparando il fedele a stare di fronte a Dio in uno stato di purezza. Wudu è una pratica consapevole che fa passare una persona dal banale al sacro, aiutandola a concentrarsi sulla sua preghiera e intenzione.

Il Ghusl, o purificazione di tutto il corpo, è richiesto in circostanze specifiche, come dopo i rapporti coniugali, le mestruazioni o il parto. Comporta il lavaggio completo dell'intero corpo in modo approfondito. Il Ghusl è anche raccomandato prima della preghiera del venerdì (Jumu'ah), delle due preghiere dell'Eid e prima di entrare nello stato di Ihram per l'Hajj o l'Umrah. Questo lavaggio completo simboleggia una purificazione e un rinnovamento completi, assicurando che il fedele si avvicini a questi importanti atti di adorazione in uno stato di totale pulizia.

In situazioni in cui l'acqua non è disponibile o il suo utilizzo è dannoso, il Tayammum, o abluzione a secco, viene eseguito utilizzando terra o sabbia pulita. Il fedele batte le mani sulla terra pulita, quindi si asciuga il viso e le mani. Il Tayammum sottolinea la flessibilità dell'Islam e l'enfasi sul mantenimento della purezza, assicurando che l'obbligo della preghiera possa essere ancora adempiuto nonostante le circostanze difficili.

La Salah, la preghiera rituale islamica, viene eseguita cinque volte al giorno in orari prescritti: Fajr (alba), Dhuhr (mezzogiorno), Asr (metà pomeriggio), Maghrib (tramonto) e Isha (sera). Queste preghiere sono obbligatorie per ogni musulmano adulto e vengono eseguite di fronte alla Kaaba alla Mecca. La regolarità della Salah struttura la giornata di un musulmano, fungendo da promemoria costante della presenza di Dio e dell'importanza di mantenere una connessione spirituale durante le attività quotidiane.

Ogni Salah consiste in una serie di posture fisiche e recitazioni, a partire dal Takbir (che recita "Allahu Akbar", che significa "Dio è il più grande") e includendo stare in piedi, inchinarsi, prostrarsi e sedersi. La preghiera inizia con l'intenzione (Niyyah) nel cuore, affermando che la preghiera viene eseguita esclusivamente per amore di Dio. Le azioni fisiche della Salah sono accompagnate da recitazioni specifiche del Corano e suppliche, creando un'armoniosa miscela di corpo e spirito nell'adorazione.

Il capitolo di apertura del Corano, Al-Fatiha, viene recitato in ogni unità della preghiera, nota come Rak'ah. Questo capitolo è una profonda supplica per la guida, la misericordia e il sostentamento, che riflette la dipendenza del fedele da Dio. Vengono recitati altri versetti o capitoli del Corano, che variano a ogni preghiera e arricchendo l'esperienza spirituale. Le posizioni di inchino (Ruku) e prostrazione (Sujud) esprimono umiltà e sottomissione a Dio, simboleggiando il riconoscimento da parte del fedele della grandezza di Dio e della propria servitù.

La Salah è più di un semplice rituale; è un atto di devozione che promuove consapevolezza, disciplina e un profondo senso di spiritualità. I tempi prescritti per la Salah assicurano che i musulmani si distacchino regolarmente dalle preoccupazioni mondane per concentrarsi sulla loro relazione con Dio. Questo impegno regolare nella preghiera infonde un senso di pace ed equilibrio, aiutando a gestire lo stress e l'ansia radicando gli individui nella loro fede.

Anche l'aspetto comunitario della Salah, in particolare la Jumu'ah (preghiera del venerdì), è significativo. I musulmani sono incoraggiati a pregare in congregazione, in particolare nelle moschee, dove il senso di comunità e fratellanza viene rafforzato. La preghiera del venerdì include un sermone (Khutbah) pronunciato dall'imam, che offre una guida spirituale e pratica. Questo incontro promuove l'unità, offre un'opportunità di riflessione comunitaria e rafforza i valori e gli insegnamenti condivisi dell'Islam.

Per i musulmani, la disciplina della Salah si estende oltre i tempi di preghiera, influenzando il loro comportamento e la loro mentalità durante tutto il giorno. I principi di puntualità, umiltà e consapevolezza coltivati attraverso la Salah vengono portati in tutti gli aspetti della vita. La pratica della Salah promuove anche l'uguaglianza e la solidarietà, poiché i musulmani di ogni estrazione sociale stanno spalla a spalla in preghiera, sottolineando la fratellanza e la sorellanza universale nell'Islam.

Oltre alle preghiere obbligatorie, ci sono anche preghiere volontarie (Nafl) e preghiere Sunnah che hanno un grande merito spirituale. Queste preghiere aggiuntive offrono ai musulmani l'opportunità di cercare la vicinanza a Dio, esprimere gratitudine e chiedere perdono e guida. Vengono eseguite in vari momenti del giorno e della notte, offrendo flessibilità e arricchendo ulteriormente la routine spirituale.

In sintesi, la purificazione e la preghiera (Salah) sono centrali nella vita di un musulmano, fornendo una cornice per il culto, la crescita spirituale e la condotta etica. La purificazione, attraverso pratiche come Wudu, Ghusl e Tayammum, assicura la prontezza fisica e spirituale per la preghiera. La Salah, eseguita cinque volte al giorno, è un atto disciplinato di devozione che promuove una profonda connessione con Dio, infonde consapevolezza e porta equilibrio nella vita quotidiana. Gli aspetti comunitari e individuali della Salah enfatizzano i valori di unità, uguaglianza e continuo sviluppo spirituale, rendendola una pietra angolare della fede islamica.

Digiuno (dieci)

Il digiuno, noto come Sawm in arabo, è il quarto pilastro dell'Islam e ha un immenso significato spirituale, fisico e sociale per i musulmani. Viene osservato principalmente durante il mese sacro del Ramadan, il nono mese del calendario lunare islamico, ed è considerato uno degli atti di adorazione e devozione più profondi. Il digiuno durante il Ramadan comporta l'astensione dal cibo, dalle bevande, dal fumo e dalle relazioni coniugali dall'alba (Fajr) fino al tramonto (Maghrib). Tuttavia, Sawm non si limita all'astensione fisica; comprende anche un'attenzione accresciuta alla crescita spirituale, all'autodisciplina, all'empatia e alla comunità.

L'osservanza del Sawm durante il Ramadan commemora la prima rivelazione del Corano al profeta Maometto da parte dell'angelo Gabriele. Questa rivelazione, iniziata durante il mese del Ramadan, segna un periodo di immensa riflessione spirituale e rinnovamento per i musulmani. Il digiuno è visto come un modo per purificare l'anima, coltivare l'autocontrollo e promuovere una connessione più profonda con Dio.

Il digiuno quotidiano inizia con un pasto prima dell'alba chiamato Suhoor. I musulmani si alzano presto per mangiare e idratarsi prima della preghiera del Fajr. Il Suhoor è considerato un pasto benedetto, poiché aiuta a sostenere l'individuo durante tutto il giorno ed è raccomandato dal Profeta Muhammad. È un momento di definizione delle intenzioni, in cui i musulmani fanno la Niyyah (intenzione) di digiunare per amore di Dio, che è una componente cruciale del Sawm. Il digiuno viene poi interrotto al tramonto con il pasto Iftar, che tradizionalmente inizia con il consumo di datteri e il consumo di acqua, seguendo la pratica del Profeta. L'Iftar è spesso un evento comunitario, che riunisce famiglie e comunità per condividere le benedizioni della rottura del digiuno.

Il digiuno durante il Ramadan non è semplicemente un atto di astensione dai bisogni fisici; è una pratica completa che include purificazione spirituale e rettitudine morale. I musulmani sono incoraggiati ad aumentare i loro atti di adorazione, come eseguire preghiere aggiuntive (Taraweeh), recitare e riflettere sul Corano, impegnarsi nel Dhikr (ricordo di Dio) e fare Dua (suppliche). Questi atti promuovono una relazione più stretta con Dio e aiutano a rafforzare gli obiettivi spirituali del Ramadan.

Sawm sottolinea anche il comportamento morale e lo sviluppo del carattere. I musulmani sono invitati a evitare comportamenti negativi come mentire, spettegolare e discutere. Il digiuno serve come promemoria per praticare pazienza, umiltà e compassione, coltivando virtù che si estendono oltre il Ramadan. Esercitando moderazione e concentrandosi su azioni positive, i musulmani mirano a purificare i loro cuori e le loro menti, allineando il loro comportamento ai valori islamici.

Uno degli aspetti più profondi del digiuno è lo sviluppo di empatia e solidarietà con coloro che sono meno fortunati. Sperimentare in prima persona la fame e la sete consente ai musulmani di comprendere meglio la difficile situazione dei poveri e degli affamati. Questa empatia si traduce spesso in maggiori attività caritatevoli durante il Ramadan. I musulmani sono incoraggiati a donare generosamente, soprattutto attraverso l'atto di Zakat al-Fitr, una forma di elemosina specificamente associata alla fine del Ramadan. Questa carità assicura che i bisognosi possano anche celebrare la fine festosa del periodo di digiuno, Eid al-Fitr, con gioia e dignità.

Il digiuno ha anche notevoli benefici sociali e comunitari. Il Ramadan promuove un forte senso di comunità poiché i musulmani si riuniscono per i pasti Suhoor e Iftar, eseguono insieme le preghiere Taraweeh e partecipano a eventi comunitari. Questa osservanza collettiva rafforza i legami all'interno della comunità musulmana e rafforza i valori di unità e fratellanza. L'esperienza condivisa del digiuno e del culto crea un profondo senso di appartenenza e di sostegno reciproco.

Mentre il digiuno durante il Ramadan è obbligatorio per tutti i musulmani adulti, ci sono delle eccezioni per coloro che non sono in grado di digiunare a causa di malattia, gravidanza, allattamento, mestruazioni, viaggi o vecchiaia. L'Islam offre flessibilità e compassione in questi casi, consentendo agli individui di recuperare i digiuni persi in un secondo momento o, se impossibilitati a farlo, di fornire fidya (una forma di compensazione) nutrendo i poveri. Ciò garantisce che gli aspetti spirituali e comunitari del Ramadan siano inclusivi e accessibili a tutti.

Oltre al Ramadan, il digiuno è praticato anche in altri giorni significativi del calendario islamico e come atti volontari di adorazione. Ad esempio, il digiuno nel giorno di Arafah, il nono giorno del mese islamico di Dhu al-Hijjah, è altamente raccomandato per i non pellegrini e si ritiene che espii i peccati dell'anno precedente e di quello successivo. Inoltre, il profeta Maometto incoraggiava il digiuno il lunedì e il giovedì e il 13°, 14° e 15° giorno di ogni mese lunare, noti come Giorni Bianchi. Questi digiuni volontari offrono ulteriori opportunità di crescita spirituale e disciplina.

Sono stati riconosciuti anche i benefici per la salute del digiuno. Molti studi suggeriscono che il digiuno può migliorare la salute metabolica, aumentare la chiarezza mentale e promuovere la disintossicazione. La pratica incoraggia un'alimentazione consapevole e favorisce un maggiore apprezzamento per il sostentamento e la nutrizione. Tuttavia, la motivazione principale del digiuno nell'Islam è spirituale ed etica piuttosto che fisica.

In sintesi, il digiuno (Sawm) è una pratica poliedrica che comprende astensione fisica, crescita spirituale e miglioramento morale. Osservato principalmente durante il mese del Ramadan, commemora la rivelazione del Corano e serve come un momento per i musulmani per purificare le loro anime, praticare l'autodisciplina e promuovere l'empatia per i meno fortunati. Gli aspetti comunitari e sociali del Sawm rafforzano i legami all'interno della comunità musulmana, mentre l'atto del digiuno stesso promuove virtù che si estendono oltre il periodo di digiuno. Sia durante il Ramadan che in altri giorni significativi, il Sawm è una profonda espressione di devozione, compassione e unità nella fede islamica.

Carità (Zakat)

La carità, o Zakat, è il terzo pilastro dell'Islam e rappresenta un aspetto fondamentale della fede e della pratica di un musulmano. È un atto obbligatorio di donazione che ha lo scopo di purificare la ricchezza e sostenere chi è nel bisogno. Zakat non è semplicemente un atto di generosità; è un obbligo ordinato da Dio per garantire l'equa distribuzione della ricchezza e per promuovere un senso di giustizia sociale e solidarietà all'interno della comunità musulmana.

Il termine "Zakat" significa "purificazione" e "crescita", riflettendo il suo duplice scopo di purificare la propria ricchezza dalle impurità e promuovere la crescita spirituale e sociale. Donando una parte della propria ricchezza a chi è nel bisogno, i musulmani adempiono al loro dovere verso Dio e aiutano ad alleviare la povertà e la disuguaglianza. La pratica della Zakat è radicata nel Corano e negli insegnamenti del Profeta Muhammad, che ha sottolineato l'importanza della beneficenza come mezzo per raggiungere la rettitudine e mantenere l'equilibrio sociale.

L'obbligo della Zakat si basa sul principio che tutta la ricchezza appartiene a Dio e gli esseri umani ne sono semplicemente gli amministratori. In quanto tale, i musulmani sono tenuti a dare una percentuale fissa della loro ricchezza a chi è nel bisogno. La percentuale standard per la Zakat è il 2,5% dei risparmi e degli investimenti accumulati che sono stati detenuti per almeno un anno lunare. Questa percentuale si applica a varie forme di ricchezza, tra cui denaro contante, oro, argento, azioni e altri beni.

Le categorie di beneficiari idonei per la Zakat sono delineate nel Corano e includono:

1. **I poveri (Fuqara)** : individui che non hanno beni di prima necessità e vivono al di sotto della soglia di povertà. Hanno bisogno di assistenza finanziaria per soddisfare le loro

necessità quotidiane.

2. **I bisognosi (Masaakeen)** : coloro che potrebbero non essere indigenti ma che comunque lottano per arrivare a fine mese. Hanno bisogno di supporto per migliorare la loro situazione economica.

3. **Zakat Collectors (Amil)** : individui nominati per raccogliere e distribuire Zakat. Hanno diritto a una parte dei fondi Zakat per i loro sforzi nella gestione di questo processo di beneficenza.

4. **Coloro i cui cuori devono essere riconciliati** : nuovi musulmani o coloro che sono inclini all'Islam e che potrebbero aver bisogno di sostegno finanziario per rafforzare la loro fede e il loro impegno.

5. **Coloro che sono in debito (Gharimeen)** : individui che sono gravati da debiti e non sono in grado di ripagarli. La Zakat può essere utilizzata per aiutarli a saldare i loro debiti e riacquistare stabilità finanziaria.

6. **Sulla via di Dio (Fi Sabeelillah)** : questa categoria comprende finanziamenti per varie forme di opere di beneficenza e attività religiose che beneficiano la comunità e promuovono le cause islamiche.

7. **Il Viaggiatore (Ibn as-Sabeel)** : Individui bloccati o in viaggio che necessitano di assistenza finanziaria per proseguire il viaggio o tornare a casa.

Il processo di donazione della Zakat comporta il calcolo dell'importo dovuto e la sua distribuzione ai destinatari idonei. I musulmani sono incoraggiati a donare la Zakat con sincerità e senso di responsabilità, assicurandosi che raggiunga coloro che sono veramente nel bisogno. Si raccomanda inoltre di donare la Zakat il prima possibile, in particolare durante il mese sacro del Ramadan, quando l'atto del donare comporta ulteriori ricompense spirituali.

Oltre alla Zakat, c'è un'altra forma di beneficenza volontaria nell'Islam nota come Sadaqah. A differenza della Zakat, la Sadaqah non è obbligatoria e può essere data in qualsiasi momento e in qualsiasi importo. Comprende un'ampia gamma di atti di beneficenza, tra cui donazioni in denaro, aiuto agli altri e fornitura di supporto a chi è nel bisogno. La Sadaqah consente ai musulmani di andare oltre i requisiti obbligatori della Zakat e di impegnarsi in atti di gentilezza e generosità nella loro vita quotidiana.

La pratica di Zakat e Sadaqah ha diversi scopi importanti nell'Islam. In primo luogo, agisce come un mezzo per purificare la ricchezza e riconoscere che è in ultima analisi una benedizione di Dio. Donando una parte della loro ricchezza, i musulmani esprimono gratitudine e mantengono l'umiltà. In secondo luogo, Zakat promuove la giustizia sociale ridistribuendo la ricchezza e affrontando le disparità economiche. Aiuta a garantire che le risorse siano condivise in modo più equo e che le esigenze dei meno fortunati siano soddisfatte.

Inoltre, la Zakat promuove un senso di comunità e solidarietà tra i musulmani. L'atto collettivo di donare rafforza i legami tra gli individui e rafforza i valori della compassione e del sostegno reciproco. Aiuta anche a costruire un senso di responsabilità condivisa per il benessere degli altri e incoraggia i musulmani a contribuire positivamente alle loro comunità.

L'amministrazione e la distribuzione della Zakat possono essere gestite individualmente o tramite organizzazioni caritatevoli organizzate. Molti musulmani scelgono di donare la Zakat tramite enti caritatevoli affermati che assicurano che i fondi siano distribuiti in modo efficiente ed efficace a chi ne ha bisogno. Queste organizzazioni spesso forniscono trasparenza e responsabilità, assicurando che i fondi della Zakat siano utilizzati in modo appropriato e raggiungano i destinatari previsti.

In sintesi, la Zakat è un pilastro fondamentale dell'Islam che incarna i principi di carità, purificazione e giustizia sociale. Richiede ai musulmani di donare una percentuale fissa della loro ricchezza a chi è nel bisogno, assicurando un'equa distribuzione delle risorse e promuovendo un senso di comunità e solidarietà. Accanto alla Zakat, la carità volontaria (Sadaqah) arricchisce ulteriormente la pratica del dono e sottolinea l'importanza della compassione e della generosità nella vita di tutti i giorni. Insieme, queste pratiche svolgono un ruolo cruciale nel mantenere i valori etici e spirituali dell'Islam e nel promuovere una società più giusta ed equa.

Pellegrinaggio (Hajj)

L'Hajj è il quinto pilastro dell'Islam e rappresenta uno degli atti di adorazione e devozione più profondi nella vita di un musulmano. È un pellegrinaggio alla Mecca, la città più sacra dell'Islam, e viene eseguito ogni anno durante il mese islamico di Dhu al-Hijjah. L'Hajj è un dovere religioso obbligatorio per ogni musulmano adulto che sia fisicamente e finanziariamente in grado di intraprenderlo almeno una volta nella vita. Il pellegrinaggio ha un profondo significato spirituale e funge da culmine della fede e della pratica islamica.

I rituali dell'Hajj sono profondamente radicati nelle tradizioni del profeta Abramo (Ibrahim) e della sua famiglia. Il pellegrinaggio commemora le azioni di Abramo, di sua moglie Hagar (Hajar) e del loro figlio Ismaele (Isma'il). Simboleggia la fede duratura e la sottomissione a Dio dimostrate da questa famiglia fondamentale. I riti dell'Hajj includono diversi rituali chiave che devono essere eseguiti in una sequenza e in un luogo specifici, ognuno dei quali porta con sé ricchi significati storici e spirituali.

Il pellegrinaggio inizia con la fase di preparazione, nota come Ihram. I pellegrini entrano in uno stato di Ihram indossando indumenti speciali: bianchi, semplici e non cuciti per gli uomini, e abiti modesti per le donne. Ihram simboleggia purezza e uguaglianza, poiché tutti i pellegrini appaiono uguali, mettendo da parte le distinzioni mondane e concentrandosi esclusivamente sulla loro devozione a Dio. I pellegrini fanno una dichiarazione verbale (Talbiyah) affermando la loro intenzione di compiere l'Hajj e cercare la misericordia di Dio.

Il primo rituale importante dell'Hajj è il Tawaf, l'atto di circumambulare la Kaaba, la sacra struttura a forma di cubo nero al centro della Masjid al-Haram alla Mecca. I pellegrini camminano intorno alla Kaaba sette volte in senso antiorario, a simboleggiare l'unità e la centralità di Dio nella fede musulmana. Il Tawaf viene eseguito all'arrivo alla Mecca e di nuovo alla fine del pellegrinaggio, rafforzando il legame del pellegrino con il sacro santuario.

Dopo il Tawaf, i pellegrini eseguono il Sa'i, che consiste nel camminare sette volte tra le colline di Safa e Marwa. Questo rituale commemora la disperata ricerca di acqua da parte di Hagar per suo figlio Ismaele, riflettendo la sua fede e perseveranza. L'atto del Sa'i sottolinea l'importanza della fiducia in Dio e le benedizioni che nascono dalla fermezza nei momenti di prova.

L'ottavo giorno di Dhu al-Hijjah, i pellegrini si recano a Mina, una piccola città vicino alla Mecca, e trascorrono la notte in una grande città di tende. Questo giorno è noto come Yawm al-Tarwiya, o Giorno dell'Intenzione. Il giorno seguente, i pellegrini procedono verso la pianura di Arafat, dove rimangono in fervente supplica e riflessione da mezzogiorno fino al tramonto. Questo raduno ad Arafat è l'apice dell'Hajj e simboleggia il Giorno del Giudizio. L'atto di stare in piedi su Arafat (Wuquf) è un momento di profonda riflessione spirituale, preghiera e ricerca del perdono da Dio.

Dopo il tramonto del Giorno di Arafat, i pellegrini si spostano a Muzdalifah, dove raccolgono ciottoli per il rituale di Rami al-Jamarat. Muzdalifah è anche un momento di preghiera e riflessione comunitaria sotto il cielo aperto. La notte trascorsa a Muzdalifah rafforza il senso di uguaglianza e unità tra i pellegrini.

Il decimo giorno di Dhu al-Hijjah, noto come Eid al-Adha, i pellegrini eseguono il rituale di Rami al-Jamarat, o la lapidazione del diavolo. Ciò comporta il lancio di sette ciottoli contro tre pilastri di pietra, a simboleggiare il rifiuto del male e della tentazione. Dopo di ciò, i pellegrini eseguono il sacrificio rituale di un animale (solitamente una pecora, una capra, una mucca o un cammello) in commemorazione della volontà di Abramo di sacrificare suo figlio in obbedienza a Dio. La carne del sacrificio viene distribuita tra familiari, amici e bisognosi, riflettendo i valori della generosità e della carità.

Dopo il sacrificio rituale, i pellegrini eseguono il Tawaf al-Ifadah, una seconda circumambulazione della Kaaba, che simboleggia il completamento fondamentale del pellegrinaggio. In seguito, i pellegrini possono radersi la testa (per gli uomini) o tagliare una piccola porzione di capelli (per le donne) in segno di umiltà e rinnovamento. Questo atto, noto come Tahallul, simboleggia la liberazione dagli attaccamenti mondani e il ritorno del pellegrino a uno stato di purezza.

I restanti giorni dell'Hajj prevedono l'esecuzione di rituali aggiuntivi, tra cui un altro giro di Tawaf, noto come Tawaf al-Wada, che viene eseguito prima di lasciare la Mecca. I pellegrini tornano anche a Mina per eseguire ulteriori lapidazioni dei pilastri nei giorni successivi, completando il ciclo rituale.

L'Hajj si conclude con il ritorno alla Mecca per un ultimo Tawaf e la celebrazione dell'Eid al-Adha. L'intero pellegrinaggio è una profonda espressione di fede, sottomissione e unità tra i musulmani in tutto il mondo. Offre un'opportunità unica di rinnovamento spirituale, riflessione personale e approfondimento della propria relazione con Dio.

Oltre al suo significato spirituale, l'Hajj promuove un senso di unità musulmana globale. Pellegrini provenienti da diversi contesti culturali, etnici e nazionali si riuniscono, riflettendo l'universalità del messaggio islamico e l'uguaglianza di tutti i credenti davanti a Dio. Questa esperienza condivisa rafforza il concetto di Ummah, la comunità musulmana globale, e sottolinea i legami comuni che uniscono i musulmani in tutto il mondo.

In sintesi, l'Hajj è un pilastro centrale dell'Islam che comprende una serie di rituali profondamente significativi eseguiti alla Mecca. Il pellegrinaggio simboleggia la fede, la sottomissione e l'unità e offre un'opportunità di rinnovamento spirituale e riflessione. Attraverso i suoi riti (Ihram, Tawaf, Sa'i, stare ad Arafat, lapidare i pilastri e il sacrificio rituale), l'Hajj commemora l'eredità del profeta Abramo e della sua famiglia, rafforzando al contempo i valori fondamentali dell'Islam. Il pellegrinaggio funge da potente espressione di devozione, uguaglianza e solidarietà musulmana globale, rendendolo un'esperienza profonda e trasformativa per coloro che lo intraprendono.

Leggi dietetiche

Le leggi alimentari nell'Islam, note come Halal e Haram, sono aspetti essenziali della vita quotidiana di un musulmano, che guidano ciò che è lecito e ciò che è proibito consumare. Queste leggi sono radicate nel Corano e negli Hadith (detti e pratiche del Profeta Muhammad) e mirano a garantire che i musulmani consumino cibo e bevande puri, sani e che favoriscano il benessere fisico e spirituale.

Il termine "Halal" significa "permesso" o "lecito" e si riferisce a tutto ciò che è consentito dalla legge islamica. Al contrario, "Haram" significa "proibito" o "proibito". Queste leggi alimentari riguardano non solo i tipi di cibo e bevande che i musulmani possono consumare, ma anche il modo in cui il cibo viene preparato e lavorato.

Uno degli aspetti più fondamentali delle leggi alimentari islamiche è il divieto di certi cibi e bevande. Il più noto di questi divieti è il consumo di carne di maiale e dei suoi sottoprodotti. Il Corano proibisce esplicitamente la carne di maiale, considerandola impura. Questo divieto si estende a tutte le forme di carne di maiale, tra cui pancetta, prosciutto e lardo.

Un altro divieto significativo è il consumo di alcol e sostanze inebrianti. Il Corano afferma chiaramente che le sostanze inebrianti sono dannose e dovrebbero essere evitate in quanto compromettono il giudizio e ostacolano la capacità di una persona di adempiere ai propri doveri religiosi. Ciò include non solo le bevande alcoliche, ma anche qualsiasi sostanza che causi intossicazione.

Oltre a questi divieti specifici, anche il metodo di macellazione degli animali per il consumo è severamente regolamentato. Perché la carne sia considerata Halal, deve provenire da un animale consentito e la macellazione deve essere eseguita secondo la legge islamica, un processo noto come Dhabihah. L'animale deve essere sano e trattato umanamente prima della macellazione. La persona che esegue la macellazione deve essere musulmana e deve invocare il nome di Dio (dicendo "Bismillah, Allahu Akbar") prima di effettuare un'incisione rapida e profonda alla gola, tagliando la trachea, le vene giugulari e le arterie carotidi. Questo metodo assicura che la morte dell'animale sia rapida e riduca al minimo la sofferenza e consente al sangue di defluire dal corpo, il che è anche un requisito, poiché è vietato consumare sangue.

Oltre a questi principi fondamentali, ci sono diverse altre linee guida che i musulmani seguono riguardo alla loro dieta. Ad esempio, qualsiasi cibo o bevanda che contenga ingredienti derivati da fonti Haram è anch'esso considerato Haram. Ciò include additivi, aromi e coloranti derivati da fonti non Halal. Pertanto, i musulmani devono essere vigili nel leggere le etichette degli ingredienti e assicurarsi che i prodotti che consumano siano certificati Halal.

Il concetto di Tayyib, che significa "puro" o "sano", è anche un aspetto importante delle leggi alimentari islamiche. I musulmani sono incoraggiati a consumare cibi che non siano solo Halal ma anche nutrienti e benefici per la loro salute. Questo principio sottolinea l'importanza di una dieta equilibrata e sana, che includa frutta, verdura, cereali e altri alimenti naturali che forniscono nutrienti essenziali.

Durante il mese sacro del Ramadan, i musulmani digiunano dall'alba al tramonto, astenendosi da qualsiasi cibo e bevanda durante le ore diurne. Il pasto prima dell'alba (Suhoor) e il pasto per rompere il digiuno (Iftar) sono aspetti significativi dell'esperienza del digiuno. Entrambi i pasti sono occasioni di incontro e riflessione comunitaria. Il digiuno è tradizionalmente interrotto con datteri e acqua, seguiti da un pasto nutriente. Il digiuno durante il Ramadan rafforza i principi di autodisciplina, empatia per i meno fortunati e gratitudine per le disposizioni di Dio.

Oltre a queste leggi alimentari fondamentali, ci sono anche varie pratiche e tradizioni culturali legate al cibo che differiscono tra le comunità musulmane in tutto il mondo. Mentre i principi fondamentali di Halal e Haram rimangono coerenti, i cibi specifici e le usanze culinarie possono variare notevolmente, riflettendo la diversità all'interno della Ummah (comunità) musulmana. Queste pratiche culturali sono spesso influenzate da ingredienti regionali, metodi di cottura e interazioni storiche con altre culture.

Inoltre, l'industria alimentare globale moderna pone nuove sfide e opportunità per aderire alle leggi alimentari Halal. La disponibilità di prodotti certificati Halal è aumentata in modo significativo, rendendo più facile per i musulmani trovare cibi consentiti in varie parti del mondo. Le agenzie di certificazione Halal svolgono un ruolo cruciale nel verificare che i prodotti soddisfino gli standard alimentari islamici, fornendo garanzie ai consumatori. Tuttavia, i musulmani devono comunque rimanere vigili nell'assicurarsi che il cibo che consumano aderisca agli standard Halal, in particolare quando mangiano fuori o acquistano cibi trasformati.

In sintesi, le leggi alimentari islamiche sono linee guida complete che regolano ciò che i musulmani possono e non possono consumare, assicurando che la loro dieta sia in linea con la loro fede. Queste leggi sottolineano l'importanza di consumare cibi Halal e Tayyib, evitando cibi proibiti come maiale e alcol e aderendo a pratiche etiche e umane nella preparazione del cibo. Seguendo queste leggi alimentari, i musulmani non solo adempiono a un obbligo religioso, ma promuovono anche il benessere fisico e spirituale, riflettendo la natura olistica dell'Islam. I principi di Halal e Haram, insieme all'enfasi sul cibo sano e nutriente, guidano i musulmani nel fare scelte alimentari consapevoli ed etiche nella loro vita quotidiana.

Abito e modestia

Nell'Islam, l'abbigliamento e la modestia sono componenti integrali della vita quotidiana di un musulmano e riflettono valori spirituali ed etici più ampi. Le linee guida per l'abbigliamento e il comportamento, note come hijab, sono progettate per promuovere modestia, umiltà e un senso di dignità. Questi principi sono radicati nel Corano e negli Hadith (insegnamenti e pratiche del Profeta Muhammad) e si applicano sia agli uomini che alle donne, sebbene pratiche specifiche possano variare.

La modestia nell'Islam comprende più del semplice abbigliamento; include comportamento, linguaggio e contegno generale. Il concetto di modestia (haya) è un principio morale completo che incoraggia i musulmani a vivere con umiltà e rispetto per se stessi e per gli altri. Si tratta di promuovere un atteggiamento di umiltà e decenza, evitando l'arroganza e mantenendo una presenza rispettosa e onorevole nella società.

Per le donne, la modestia nell'abbigliamento in genere implica coprire il corpo in un modo che non attragga indebita attenzione. Ciò spesso include indossare abiti larghi che coprano tutto il corpo, eccetto viso e mani. L'hijab, un velo che copre i capelli e il collo, è un'espressione comune di questo principio. Alcune donne possono anche scegliere di indossare coperture aggiuntive, come il niqab (un velo che copre il viso) o il burqa (una copertura completa del corpo), a seconda delle pratiche culturali e delle convinzioni personali.

Il Corano fornisce linee guida generali per l'abbigliamento femminile nella Sura An-Nur (24:31): "E di' alle credenti di abbassare lo sguardo e di sorvegliare le loro parti intime e di non esporre i loro ornamenti, eccetto ciò che [necessariamente] appare, e di avvolgere [una parte] dei loro veli sul petto e di non esporre i loro ornamenti, eccetto ai loro mariti, ai loro padri, ai padri dei loro mariti, ai loro figli, ai figli dei loro mariti, ai loro fratelli, ai figli dei loro fratelli, ai figli delle loro sorelle, alle loro donne, a ciò che possiedono le loro mani destre, o a quei servitori maschi che non hanno desiderio fisico, o ai bambini che non sono ancora consapevoli degli aspetti privati delle donne". Questo versetto sottolinea l'importanza di coprirsi e di essere pudici, pur consentendo alcune eccezioni in presenza di familiari stretti e di coloro che non rappresentano un rischio per il loro pudore.

Per gli uomini, la modestia implica anche indossare abiti larghi che coprano il corpo dall'ombelico alle ginocchia come minimo. Gli uomini sono incoraggiati a evitare abiti eccessivamente attillati o rivelatori e a presentarsi con dignità. Il Corano istruisce gli uomini in modo simile nella Sura An-Nur (24:30): "Di' ai credenti di abbassare lo sguardo e di custodire le loro parti intime. Ciò è più puro per loro. In verità, Allah è a conoscenza di ciò che fanno". Questo versetto evidenzia l'importanza di un comportamento e di un abbigliamento modesti per gli uomini, sottolineando i benefici spirituali del mantenimento della modestia.

Oltre alle linee guida specifiche per l'abbigliamento, la modestia nell'Islam comprende anche il comportamento e l'interazione con gli altri. I musulmani sono incoraggiati a parlare in modo rispettoso, a evitare la vanteria e a comportarsi con umiltà. Ciò include le interazioni tra uomini e donne, dove la modestia e il rispetto dovrebbero guidare il comportamento. L'obiettivo è creare una società in cui gli individui interagiscono tra loro in un modo che mantenga la dignità e favorisca il rispetto reciproco.

Mentre i principi fondamentali della modestia sono coerenti in tutto il mondo musulmano, l'espressione di questi principi può variare ampiamente in base a fattori culturali, regionali e individuali. In alcune culture, sono prevalenti stili di abbigliamento tradizionali che si allineano ai principi islamici della modestia, come l'abaya nei paesi arabi, il salwar kameez nell'Asia meridionale o il baju kurung nel sud-est asiatico. Questi indumenti tradizionali spesso riflettono sia l'eredità religiosa che quella culturale.

Nei contesti contemporanei, molti musulmani adattano la moda moderna per allinearla alle linee guida islamiche sulla modestia. Ciò ha dato origine all'industria della moda modesta, che offre un'ampia gamma di opzioni di abbigliamento eleganti ma modeste sia per uomini che per donne. Queste mode consentono ai musulmani di esprimere la propria individualità e il proprio stile personale, aderendo al contempo ai principi della modestia. L'ascesa della moda modesta evidenzia l'adattabilità delle linee guida islamiche a diversi contesti e preferenze personali.

La modestia nell'Islam non consiste nell'imporre uniformità, ma nell'incoraggiare gli individui a interiorizzare ed esprimere i propri valori in un modo che sia in linea con la propria fede. Si tratta di fare scelte consapevoli che riflettano il proprio impegno verso i principi dell'Islam, promuovendo un ambiente di rispetto reciproco e dignità.

Oltre alle scelte personali, le linee guida islamiche per la modestia hanno anche implicazioni sociali. Promuovono una cultura di rispetto e decenza, scoraggiando comportamenti e tendenze che possono portare alla corruzione morale o allo sfruttamento. Enfatizzando la modestia, l'Islam cerca di proteggere gli individui e la società dalle conseguenze negative dell'immodestia, come l'oggettivazione, le molestie e il decadimento morale.

I critici delle linee guida islamiche sull'abbigliamento e la modestia spesso le considerano restrittive o oppressive, in particolare per le donne. Tuttavia, molti musulmani considerano queste linee guida come rafforzanti, fornendo un quadro per vivere una vita dignitosa e rispettosa. Per molte donne, indossare l'hijab o altre forme di abbigliamento modesto è una scelta personale che riflette la loro fede, identità e impegno verso i valori islamici. È una fonte di rafforzamento e un mezzo per affermare la propria capacità di agire in una società che spesso giudica le donne in base al loro aspetto.

In sintesi, l'abbigliamento e la modestia nell'Islam sono principi fondamentali che guidano la condotta e l'aspetto di un musulmano.

Queste linee guida, radicate nel Corano e negli Hadith, sottolineano l'importanza dell'umiltà, del rispetto e della dignità sia per gli uomini che per le donne. Mentre l'espressione di questi principi può variare ampiamente nelle diverse culture e nei diversi contesti, i valori di base rimangono coerenti. La modestia nell'Islam comprende più del semplice abbigliamento; include comportamento, parola e contegno generale, promuovendo un ambiente di rispetto reciproco e integrità morale. Attraverso queste linee guida, l'Islam cerca di proteggere la dignità degli individui e promuovere una società giusta e rispettosa.

Ruoli e relazioni di genere

I ruoli e le relazioni di genere nell'Islam sono governati da una combinazione di testi religiosi, tradizioni culturali e interpretazioni contemporanee. Il Corano e gli Hadith forniscono le linee guida fondamentali per i ruoli e le responsabilità di uomini e donne, sottolineando i principi di equità, rispetto reciproco e ruoli complementari. Queste linee guida mirano a creare una società equilibrata e armoniosa in cui entrambi i sessi possano realizzare il loro potenziale e contribuire al benessere della comunità.

Nell'Islam, uomini e donne sono considerati uguali agli occhi di Dio, con ciascuno che ha diritti e responsabilità specifici. Il Corano afferma esplicitamente che uomini e donne sono creati da un'unica anima e sono partner nella fede e nella vita. Questa uguaglianza spirituale è una pietra angolare degli insegnamenti islamici, che sottolinea che entrambi i sessi sono responsabili delle loro azioni e saranno giudicati da Dio in base alle loro azioni, non al loro genere.

I ruoli di uomini e donne nell'Islam sono spesso descritti come complementari piuttosto che identici. Ciò significa che mentre uomini e donne possono avere ruoli e responsabilità diversi, questi ruoli sono pensati per lavorare insieme per supportare la famiglia e la comunità più ampia. La visione tradizionale assegna agli uomini il ruolo di fornitore e protettore, responsabile del mantenimento finanziario e della sicurezza della famiglia. Le donne, tradizionalmente, sono viste come le principali badanti e nutrici, responsabili dell'educazione dei figli e della gestione della casa.

Il Corano delinea questi ruoli nella Sura An-Nisa (4:34), affermando: "Gli uomini sono i protettori e i mantenitori delle donne, perché Allah ha dato all'uno più (forza) dell'altro, e perché le sostengono con i loro mezzi". Questo versetto sottolinea il dovere degli uomini di provvedere e proteggere le loro famiglie, riconoscendo anche il ruolo complementare delle donne nella vita familiare. Tuttavia, è importante notare che questi ruoli non sono rigidi e possono essere adattati in base alle circostanze individuali e all'accordo reciproco tra i coniugi.

I diritti delle donne nell'Islam sono estesi e rivoluzionari per il loro tempo. Il Corano e gli Hadith garantiscono alle donne il diritto di possedere proprietà, ereditare, cercare istruzione e lavorare. Le donne hanno diritto al sostegno finanziario dei loro mariti e hanno il diritto di chiedere il divorzio se necessario. Il profeta Maometto ha sottolineato l'importanza di trattare le donne con gentilezza e rispetto, affermando: "I migliori tra voi sono coloro che sono i migliori con le loro mogli".

Il matrimonio nell'Islam è visto come una partnership basata sul rispetto reciproco, l'amore e la compassione. Entrambi i coniugi hanno diritti e doveri l'uno verso l'altro e la loro relazione è intesa come una fonte di tranquillità e sostegno. Il Corano descrive questa relazione nella Sura Ar-Rum (30:21): "E tra i Suoi segni c'è che Egli ha creato per voi da voi stessi delle spose affinché possiate trovare tranquillità in loro; e ha posto tra voi affetto e misericordia". Questo versetto evidenzia il legame emotivo e spirituale tra i coniugi e l'importanza del sostegno e della comprensione reciproci.

In tempi contemporanei, l'interpretazione e l'applicazione dei ruoli di genere nell'Islam variano ampiamente tra culture e comunità diverse. Alcuni paesi a maggioranza musulmana hanno compiuto passi da gigante nella promozione dell'uguaglianza di genere, con le donne che partecipano a tutti gli aspetti della vita pubblica e professionale. Le opportunità educative per le donne si sono ampliate e le donne stanno assumendo sempre più ruoli di leadership in vari settori. In questi contesti, i ruoli di genere tradizionali si stanno evolvendo per riflettere le realtà moderne, con uomini e donne che condividono le responsabilità per la famiglia e il lavoro.

Tuttavia, in alcune culture, le interpretazioni tradizionali dei ruoli di genere rimangono profondamente radicate, spesso influenzate da pratiche culturali piuttosto che da principi religiosi. In questi contesti, le donne possono affrontare restrizioni alla loro mobilità, istruzione e partecipazione alla vita pubblica. È importante distinguere tra pratiche culturali e insegnamenti islamici, poiché questi ultimi promuovono giustizia, equità e rispetto per entrambi i sessi.

Il femminismo islamico è un movimento che cerca di reinterpretare i testi islamici da una prospettiva di equità di genere, sfidando le interpretazioni patriarcali e sostenendo i diritti delle donne all'interno di un quadro islamico. Le femministe islamiche sostengono che molte pratiche restrittive sono culturali piuttosto che religiose e che un ritorno ai principi fondamentali del Corano e degli Hadith può supportare una maggiore uguaglianza di genere. Sottolineano l'importanza dell'istruzione e dell'impegno critico con i testi religiosi per dare potere alle donne e promuovere la giustizia sociale.

In termini di relazioni interpersonali, vengono enfatizzati la modestia e l'interazione rispettosa tra i sessi. Uomini e donne sono incoraggiati a comportarsi con dignità ed evitare comportamenti che potrebbero portare a relazioni inappropriate o compromettere la loro integrità morale. Il principio di modestia (haya) guida le interazioni, assicurando che entrambi i sessi mantengano un comportamento rispettoso e professionale in contesti sociali e professionali.

La famiglia è considerata la pietra angolare della società musulmana e relazioni familiari forti e sane sono molto apprezzate. Il benessere della famiglia è una responsabilità collettiva, con uomini e donne che svolgono ruoli vitali nell'accudire e sostenere i propri figli. I ruoli genitoriali sono visti come complementari, con entrambi i genitori che contribuiscono allo sviluppo morale ed educativo dei propri figli.

In sintesi, i ruoli e le relazioni di genere nell'Islam si basano sui principi di equità, rispetto reciproco e ruoli complementari. Mentre uomini e donne possono avere responsabilità diverse, questi ruoli sono intesi a supportare la famiglia e la comunità nel loro insieme. Gli insegnamenti islamici garantiscono alle donne ampi diritti e sottolineano l'importanza di trattarle con gentilezza e rispetto.

L'interpretazione e l'applicazione dei ruoli di genere variano ampiamente tra le culture e movimenti contemporanei come il femminismo islamico cercano di promuovere l'uguaglianza di genere all'interno di un quadro islamico. La modestia e l'interazione rispettosa tra i generi sono principi chiave che guidano le relazioni interpersonali, assicurando che sia gli uomini che le donne mantengano dignità e integrità nelle loro interazioni.

Etichetta e buone maniere islamiche

L'etichetta e le buone maniere islamiche, note come *adab*, sono aspetti essenziali della vita di un musulmano, che guidano le interazioni con gli altri, il comportamento personale e la condotta in varie situazioni. Questi principi sono profondamente radicati negli insegnamenti del Corano e degli Hadith e sottolineano l'importanza del rispetto, dell'umiltà, della gentilezza e della compassione in tutti gli aspetti della vita. *Adab* non riguarda solo il comportamento esteriore, ma anche la coltivazione di un senso interiore di moralità e decenza che rifletta la propria fede.

Uno dei principi fondamentali dell'etichetta islamica è il rispetto per gli altri. Ciò include mostrare gentilezza e considerazione alle persone indipendentemente dal loro stato, religione o background. Il Corano incoraggia i musulmani a parlare gentilmente e rispettosamente, come nella Sura Al-Isra (17:53): "E di' ai Miei servi di dire ciò che è meglio. In verità, Satana induce [dissenso] tra loro. In verità, Satana è sempre, per l'umanità, un chiaro nemico". Questo versetto sottolinea l'importanza di usare un buon discorso per promuovere relazioni positive ed evitare conflitti.

Il rispetto si estende a tutti gli ambiti della vita, incluso il modo in cui si trattano i genitori, gli anziani e i vicini. Il Corano e gli Hadith pongono grande enfasi sui diritti dei genitori, esortando i musulmani a trattarli con il massimo rispetto e gentilezza. Nella Sura Al-Isra (17:23), è affermato: "E il tuo Signore ha decretato che non adoriate se non Lui, e ai genitori, un buon trattamento. Che uno o entrambi raggiungano la vecchiaia [mentre] sono con te, non dire loro [nemmeno], 'uff', e non respingerli ma rivolgi loro una parola nobile". Ciò evidenzia il dovere di prendersi cura e onorare i genitori, in particolare nella loro vecchiaia.

Le buone maniere islamiche sottolineano anche l'importanza dell'onestà e dell'integrità. I musulmani sono incoraggiati a essere sinceri nelle loro parole e azioni, poiché la menzogna e l'inganno sono considerati peccati gravi. Il profeta Maometto disse: "La sincerità conduce alla rettitudine e la rettitudine conduce al Paradiso. Un uomo continua a dire la verità finché non viene registrato con Allah come sincero. La falsità conduce alla malvagità e la malvagità conduce all'Inferno. Un uomo può continuare a dire bugie finché non viene registrato con Allah come bugiardo" (Sahih Muslim). Questo Hadith sottolinea il significato della sincerità come virtù chiave nell'Islam.

Generosità e carità sono anche componenti centrali delle buone maniere islamiche. I musulmani sono incoraggiati a essere generosi con la loro ricchezza, tempo e risorse, aiutando chi è nel bisogno e contribuendo al benessere della comunità. Il profeta Muhammad disse: "L'ombra del credente nel Giorno della Resurrezione sarà la sua carità" (Tirmidhi). Questo insegnamento riflette l'idea che gli atti di gentilezza e generosità sono molto apprezzati nell'Islam e contribuiscono allo sviluppo spirituale e morale di una persona.

L'ospitalità è un altro aspetto importante dell'etichetta islamica. Il Corano e gli Hadith incoraggiano i musulmani a essere ospitali e a trattare gli ospiti con gentilezza e rispetto. Il profeta Muhammad disse: "Chiunque creda in Allah e nell'Ultimo Giorno dovrebbe onorare il suo ospite" (Sahih Bukhari). Questa tradizione di ospitalità è profondamente radicata nelle culture musulmane, dove accogliere gli ospiti e provvedere alle loro necessità è considerato un dovere e una fonte di benedizione.

Le buone maniere islamiche guidano anche il comportamento nelle interazioni sociali. I musulmani sono incoraggiati a salutarsi con la pace, usando il saluto "As-Salamu Alaikum" (La pace sia con te). Questo saluto non è solo una forma di cortesia, ma anche una preghiera per il benessere dell'altra persona. Rispondere con "Wa Alaykum As-Salam" (E su di te sia la pace) completa lo scambio e rafforza il rispetto reciproco e la buona volontà.

Oltre alle interazioni sociali, l'Islam fornisce linee guida specifiche per le buone maniere in varie situazioni, come mangiare, visitare altre persone e la condotta pubblica. Ad esempio, quando si mangia, ai musulmani viene insegnato a iniziare con il nome di Allah dicendo "Bismillah" (Nel nome di Dio), a mangiare con la mano destra ed evitare gli sprechi. Il profeta Muhammad disse: "Il figlio di Adamo non riempie nessun vaso peggio del suo stomaco. È sufficiente che il figlio di Adamo mangi qualche boccone per tenerlo in vita. Se deve farlo, allora che riempia un terzo di cibo, un terzo di bevande e un terzo di aria" (Tirmidhi). Questo Hadith sottolinea la moderazione e la consapevolezza nel mangiare.

Quando si visitano altre persone, i musulmani sono incoraggiati a chiedere il permesso prima di entrare in casa di qualcuno, bussare alla porta e attendere un invito per entrare. Il Corano consiglia nella Sura An-Nur (24:27): "O voi che credete, non entrate in case diverse dalle vostre, finché non vi accertate del benvenuto e non salutate i loro abitanti. Questo è meglio per voi; forse vi verrà ricordato". Questo versetto sottolinea l'importanza di rispettare la privacy degli altri ed essere cortesi nelle interazioni sociali.

Nella condotta pubblica, le buone maniere islamiche sottolineano l'umiltà, la modestia e la considerazione per gli altri. I musulmani sono incoraggiati a evitare arroganza e orgoglio, ad abbassare lo sguardo nelle interazioni con il sesso opposto e a vestirsi in modo modesto. Il Corano istruisce sia gli uomini che le donne a osservare la modestia nel loro abbigliamento e comportamento, come si vede nella Sura An-Nur (24:30-31), che istruisce gli uomini ad abbassare lo sguardo e a proteggere la loro modestia e le donne a coprirsi in modo appropriato.

Inoltre, la pulizia e l'igiene personale sono aspetti importanti dell'etichetta islamica. I musulmani sono incoraggiati a mantenere la pulizia nel corpo, negli abiti e nell'ambiente circostante. Il profeta Maometto disse: "La pulizia è metà della fede" (Sahih Muslim). Questo detto riflette il significato della pulizia nell'Islam, sia in senso fisico che spirituale.

Anche le buone maniere relative alla comunicazione sono enfatizzate nell'Islam. I musulmani sono incoraggiati a evitare maldicenza, calunnia e pettegolezzi, poiché questi comportamenti sono dannosi e possono portare alla discordia. Il Corano mette in guardia contro tale comportamento nella Sura Al-Hujurat (49:12): "O voi che credete, evitate troppe supposizioni [negative]. In verità, alcune supposizioni sono peccato. E non spiatevi o sparlate a vicenda. Uno di voi vorrebbe mangiare la carne del proprio fratello morto? Lo detesterebbe. E temete Allah; in verità, Allah è Accettante e Misericordioso". Questo versetto evidenzia la gravità della maldicenza e incoraggia i musulmani a impegnarsi in una comunicazione positiva e costruttiva.

In sintesi, l'etichetta e le buone maniere islamiche comprendono un'ampia gamma di comportamenti e interazioni, guidati da principi di rispetto, gentilezza, onestà e umiltà. Queste linee guida, radicate negli insegnamenti del Corano e degli Hadith, mirano a coltivare un carattere morale ed etico che rifletta la propria fede e contribuisca a una società giusta e armoniosa. Sia nelle interazioni sociali, nel comportamento personale o nella condotta pubblica, i musulmani sono incoraggiati a incarnare i valori dell'Islam attraverso le loro buone maniere, assicurando che le loro azioni siano in linea con i principi di decenza, rispetto e compassione.

Vita familiare

La vita familiare occupa una posizione centrale nell'Islam, in quanto è considerata la pietra angolare di una società stabile e armoniosa. L'unità familiare, spesso definita il fondamento della società musulmana, è il luogo in cui gli individui apprendono i valori, la morale e l'etica che plasmano il loro carattere e la loro condotta. Gli insegnamenti islamici forniscono linee guida complete per stabilire e mantenere una famiglia forte e sana, sottolineando amore, rispetto, responsabilità reciproca e crescita spirituale.

Il Corano e gli Hadith stabiliscono ruoli e responsabilità specifici per ogni membro della famiglia, assicurando che la famiglia funzioni come un'unità coesa e di supporto. Questi ruoli sono visti come complementari, con ogni membro che contribuisce al benessere e allo sviluppo della famiglia. L'obiettivo della vita familiare nell'Islam non è solo quello di soddisfare i bisogni fisici ed emotivi, ma anche di creare un ambiente che nutra la crescita spirituale e favorisca una profonda connessione con Dio.

Il matrimonio è il fondamento della vita familiare nell'Islam. È considerato un contratto sacro tra un uomo e una donna, inteso a fornire compagnia, amore e sostegno reciproco. Il Corano descrive il matrimonio come una fonte di tranquillità e misericordia, come affermato nella Sura Ar-Rum (30:21): "E tra i Suoi segni c'è che Egli ha creato per voi da voi stessi delle spose affinché possiate trovare tranquillità in loro; e ha posto tra voi affetto e misericordia. In verità in questo vi sono segni per un popolo che riflette". Questo versetto evidenzia il legame emotivo e spirituale che il matrimonio intende promuovere, sottolineando amore, compassione e rispetto reciproco.

Nella tradizione islamica, i ruoli di marito e moglie sono chiaramente definiti, ma flessibili, consentendo un accordo reciproco e un adattamento in base alle circostanze individuali. Il marito è solitamente visto come il fornitore e protettore della famiglia, responsabile di garantire il benessere finanziario e fisico della moglie e dei figli. Il Corano istruisce gli uomini nella Sura An-Nisa (4:34): "Gli uomini sono i protettori e i mantenitori delle donne perché Allah ha dato all'uno più (forza) dell'altro, e perché le sostengono con i loro mezzi". Questo versetto sottolinea il dovere degli uomini di prendersi cura e proteggere le loro famiglie.

La moglie, tradizionalmente, è considerata la principale custode e nutrice, responsabile della creazione di un ambiente domestico amorevole e di supporto. Tuttavia, l'Islam riconosce anche l'importanza dei diritti e dell'autonomia delle donne. Le donne sono incoraggiate a cercare istruzione, intraprendere carriere e partecipare alla vita pubblica, purché mantengano le proprie responsabilità familiari e aderiscano ai principi islamici di modestia e condotta. Il profeta Maometto ha sottolineato l'importanza di trattare le donne con gentilezza e rispetto, affermando: "I migliori tra voi sono coloro che sono i migliori con le loro mogli" (Sunan al-Tirmidhi).

La relazione tra marito e moglie nell'Islam si basa sul rispetto reciproco, l'amore e la cooperazione. Ci si aspetta che entrambi i partner si consultino a vicenda nelle questioni familiari, si sostengano a vicenda nella loro crescita personale e spirituale e condividano le responsabilità per garantire il benessere della famiglia. Il Corano incoraggia questa partnership nella Sura Al-Baqarah (2:187), dove descrive gli sposi come "vestiti" l'uno per l'altro, a simboleggiare protezione reciproca, conforto e intimità.

I bambini hanno un posto speciale nella famiglia islamica. Sono considerati una benedizione e una fiducia da parte di Dio, e ai genitori è affidata la responsabilità di crescerli con amore, cura e una solida base morale. Il Corano sottolinea l'importanza di una buona genitorialità nella Sura At-Tahrim (66:6): "O voi che credete, proteggete voi stessi e le vostre famiglie da un Fuoco il cui combustibile sono persone e pietre". Questo versetto sottolinea il dovere dei genitori di guidare i propri figli in questioni di fede e moralità, assicurandosi che crescano con un forte senso del giusto e dello sbagliato.

Il profeta Muhammad ha anche sottolineato l'importanza di mostrare gentilezza e compassione ai bambini. Si dice che abbia detto: "Non è uno di noi che non mostra misericordia ai nostri giovani e rispetto per i nostri anziani" (Sunan al-Tirmidhi). Questo hadith sottolinea l'importanza di un ambiente nutriente e amorevole in cui i bambini possano prosperare.

Gli insegnamenti islamici sottolineano l'importanza dell'istruzione per i bambini, sia nella conoscenza religiosa che in quella mondana. I genitori sono incoraggiati a insegnare ai loro figli l'Islam, incluso il Corano, la vita del Profeta Muhammad e i principi fondamentali della fede e della pratica islamica. L'istruzione è vista come un mezzo per dare ai bambini gli strumenti per realizzare il loro potenziale e contribuire positivamente alla società. Il Profeta Muhammad disse: "Cercare la conoscenza è un obbligo per ogni musulmano" (Sunan Ibn Majah), evidenziando l'importanza dell'apprendimento permanente per tutti i musulmani.

Oltre all'istruzione, ai bambini viene anche insegnata l'importanza del rispetto per i genitori e gli anziani. Il Corano ordina ai bambini di essere rispettosi verso i genitori, soprattutto in età avanzata, nella Sura Al-Isra (17:23): "E il tuo Signore ha decretato che non adoriate se non Lui, e ai genitori, un buon trattamento. Che uno o entrambi raggiungano la vecchiaia [mentre] sono con te, non dire loro [nemmeno], 'uff', e non respingerli ma rivolgi loro una parola nobile". Questo versetto sottolinea l'importanza di trattare i genitori con gentilezza e rispetto, riconoscendo i loro sacrifici e sforzi nell'educazione dei figli.

Anche la famiglia allargata gioca un ruolo significativo nella vita familiare islamica. L'Islam incoraggia a mantenere forti legami con i parenti, inclusi nonni, zii, zie e cugini. Il concetto di *silat ar-rahim*, o mantenimento dei legami familiari, è fortemente enfatizzato, poiché rafforza i legami sociali e crea un senso di comunità e di sostegno reciproco. Il profeta Muhammad disse: "Chiunque creda in Allah e nell'Ultimo Giorno, mantenga i legami di parentela" (Sahih Bukhari). Questo insegnamento sottolinea l'importanza dell'unità familiare e l'obbligo di sostenere e prendersi cura dei propri parenti.

In sintesi, la vita familiare nell'Islam è incentrata sui principi di amore, rispetto, responsabilità reciproca e crescita spirituale. Il matrimonio è il fondamento della famiglia, che fornisce una cornice per la compagnia e il sostegno reciproco. I ruoli di marito, moglie e figli sono chiaramente definiti, ma consentono flessibilità e adattamento in base alle circostanze individuali. I bambini sono considerati una benedizione e una fiducia da parte di Dio, con i genitori incaricati della loro educazione morale e spirituale. La famiglia allargata svolge un ruolo cruciale nel mantenere i legami sociali e fornire sostegno. Attraverso questi insegnamenti, l'Islam cerca di creare famiglie forti e sane che contribuiscano a una società giusta e armoniosa.

Il matrimonio nell'Islam

Il matrimonio nell'Islam è considerato un patto sacro, un legame solenne e benedetto che unisce due individui in una partnership progettata per fornire compagnia, amore e supporto reciproco. Non è semplicemente un contratto sociale, ma un'unione spirituale che soddisfa sia i bisogni fisici che quelli emotivi, fungendo anche da fondamento per costruire una famiglia forte e stabile e una società coesa.

Il Corano e gli Hadith forniscono una chiara guida sull'importanza e la natura del matrimonio, sottolineando che si tratta di un aspetto fondamentale della vita umana. Il Corano descrive il matrimonio come una fonte di tranquillità, amore e misericordia, evidenziando il profondo legame emotivo e spirituale che dovrebbe esistere tra i coniugi. Nella Sura Ar-Rum (30:21), è affermato: "E tra i Suoi segni c'è che Egli ha creato per voi da voi stessi delle spose affinché possiate trovare tranquillità in loro; e ha posto tra voi affetto e misericordia. In verità, in questo vi sono segni per un popolo che riflette". Questo versetto racchiude l'essenza del matrimonio nell'Islam: una relazione basata su affetto reciproco, misericordia e pace.

Il matrimonio è anche considerato un atto di adorazione nell'Islam. Sposandosi, gli individui seguono la Sunnah (tradizione) del Profeta Muhammad, che era sposato e incoraggiava i suoi seguaci a sposarsi come mezzo per soddisfare i loro desideri naturali in modo lecito e morale. Il Profeta Muhammad disse: "Il matrimonio è la mia Sunnah. Chiunque se ne allontani non è dei miei" (Sahih Bukhari). Questo Hadith sottolinea il significato del matrimonio come parte integrante della vita di un musulmano, riflettendo l'obbedienza ai comandamenti di Dio e l'aderenza agli insegnamenti del Profeta.

Nell'Islam, i ruoli e le responsabilità all'interno di un matrimonio sono definiti per garantire una relazione equilibrata e armoniosa. Il marito è solitamente visto come il fornitore e il protettore della famiglia, responsabile del benessere finanziario e fisico della moglie e dei figli. Ci si aspetta che tratti la moglie con gentilezza, rispetto ed equità. Il Corano istruisce gli uomini nella Sura An-Nisa (4:19): "O voi che credete, non vi è lecito ereditare le donne per forza. E non create loro difficoltà per riprendervi [indietro] parte di ciò che avete dato loro a meno che non commettano una chiara immoralità. E vivete con loro in gentilezza". Questo versetto sottolinea l'importanza del rispetto reciproco e della gentilezza nel matrimonio, condannando qualsiasi forma di oppressione o maltrattamento.

La moglie, tradizionalmente, è considerata la principale custode e nutrice all'interno della famiglia. È responsabile della creazione di un ambiente domestico amorevole e di supporto e dell'educazione dei figli. Tuttavia, l'Islam riconosce anche i diritti e l'autonomia delle donne. Le donne sono incoraggiate a cercare istruzione, intraprendere una carriera e impegnarsi nella vita pubblica, purché mantengano le proprie responsabilità familiari e aderiscano ai principi islamici. Il profeta Maometto ha sottolineato l'importanza di trattare le donne con cura e rispetto, affermando: "I migliori tra voi sono coloro che sono i migliori con le loro mogli" (Sunan al-Tirmidhi). Questo insegnamento rafforza l'idea che un matrimonio di successo si basa sulla cura reciproca, sul rispetto e sulla comprensione.

Uno degli aspetti unici del matrimonio nell'Islam è il concetto di *mahr*, un dono obbligatorio dato dallo sposo alla sposa al momento del matrimonio. Il *mahr* è un simbolo dell'impegno e della responsabilità dello sposo nei confronti della moglie. È un suo diritto esclusivo e lei può usarlo come desidera. Il Corano lo impone nella Sura An-Nisa (4:4): "E date alle donne [al momento del matrimonio] i loro doni [nuziali] con grazia. Ma se vi danno volontariamente qualcosa, allora prendetelo con soddisfazione e facilità". Il *mahr* sottolinea l'indipendenza finanziaria e i diritti della moglie all'interno del matrimonio.

Il consenso è una componente cruciale di un matrimonio islamico. Sia la sposa che lo sposo devono accettare volontariamente il matrimonio e qualsiasi forma di coercizione o costrizione è severamente proibita. Il profeta Muhammad ha sottolineato l'importanza di cercare il consenso della donna, affermando: "Una donna precedentemente sposata ha più diritti sulla sua persona del suo tutore e il consenso di una vergine deve essere cercato per quanto riguarda se stessa" (Sahih Muslim). Questo Hadith evidenzia l'autonomia e l'agenzia delle donne nella scelta del loro compagno di vita.

Il matrimonio nell'Islam riguarda anche la collaborazione e la consultazione. Gli sposi sono incoraggiati a prendere decisioni insieme, a sostenersi a vicenda nella loro crescita personale e spirituale e a condividere le responsabilità per garantire il benessere della famiglia. Il Corano sostiene la consultazione tra gli sposi nella Sura Al-Baqarah (2:233): "E se entrambi desiderano lo svezzamento attraverso il mutuo consenso di entrambi e la consultazione, non c'è colpa per nessuno dei due". Questo versetto illustra l'importanza della cooperazione e dell'accordo reciproco nelle questioni familiari, promuovendo un senso di collaborazione e responsabilità condivisa.

Il divorzio, sebbene consentito dall'Islam, è considerato un'ultima risorsa e viene sconsigliato a meno che non siano stati esauriti tutti gli sforzi per riconciliarsi. Il Corano fornisce una guida dettagliata sul processo di divorzio per garantire che venga condotto con equità e rispetto. Nella Sura An-Nisa (4:35), è affermato: "E se temete discordia tra i due, mandate un arbitro dal suo popolo e un arbitro dal popolo di lei. Se entrambi desiderano la riconciliazione, Allah la causerà tra loro. In verità, Allah è sempre Sapiente e Informato [di tutte le cose]". Questo versetto sottolinea l'importanza di cercare la riconciliazione e il coinvolgimento dei membri della famiglia per mediare e risolvere i conflitti prima di considerare il divorzio.

In sintesi, il matrimonio nell'Islam è un'istituzione sacra e significativa, progettata per soddisfare bisogni emotivi, fisici e spirituali, fornendo al contempo una base per una vita familiare stabile e armoniosa. Si basa sui principi di rispetto reciproco, amore, collaborazione e consultazione. I ruoli e le responsabilità di mariti e mogli sono complementari, garantendo una relazione equilibrata e di supporto. Il matrimonio è considerato un atto di adorazione e un riflesso di obbedienza ai comandamenti di Dio, con entrambi i coniugi che lavorano insieme per creare un'unione amorevole, pacifica e spiritualmente appagante.

Studi avanzati del Corano

Gli studi avanzati del Corano implicano un'esplorazione profonda e sistematica del suo testo, dei temi, delle interpretazioni e delle scienze associate alla sua comprensione. Questi studi vanno oltre la lettura e la memorizzazione di base, addentrandosi nelle complessità delle dimensioni linguistiche, teologiche, legali e spirituali del Corano. Per i musulmani e gli studiosi, il Corano non è solo una scrittura religiosa; è una guida completa per la vita, una fonte di saggezza divina e un testo che richiede impegno intellettuale e riflessione.

Il primo passo negli studi avanzati del Corano è spesso lo studio del *Tajweed* , le regole della corretta pronuncia e recitazione del Corano. Il Tajweed assicura che il Corano venga recitato correttamente, preservando la pronuncia e il ritmo esatti come rivelati al Profeta Muhammad. La padronanza del Tajweed è fondamentale perché i significati del Corano possono cambiare in base alla pronuncia. Pertanto, gli studenti avanzati dedicano molto tempo a perfezionare la loro recitazione sotto la guida di insegnanti esperti.

Un impegno più profondo con il Corano implica lo studio del *Tafsir* , o esegesi coranica. Il Tafsir è l'interpretazione e la spiegazione accademica del Corano. Implica la comprensione del contesto in cui i versetti sono stati rivelati (*Asbab al-Nuzul*), le sfumature linguistiche, i significati previsti e il modo in cui i versetti si relazionano tra loro e con gli insegnamenti islamici più ampi. La letteratura classica del Tafsir, come le opere di Ibn Kathir, Al-Tabari e Al-Qurtubi, sono testi fondamentali in questo campo. Questi studiosi hanno fornito un ampio commento sul Corano, attingendo agli Hadith, ai detti del Profeta Muhammad e alle intuizioni dei compagni del Profeta.

Gli studi moderni sul Tafsir spesso affrontano questioni contemporanee, esaminando come gli insegnamenti senza tempo del Corano possano essere applicati alle sfide moderne. Gli studiosi possono anche confrontare interpretazioni classiche con comprensioni contemporanee, cercando di bilanciare tradizione e pertinenza. Questo processo coinvolge *l'Ijtihad* , ragionamento indipendente, in cui gli studiosi forniscono interpretazioni informate che considerano i contesti mutevoli della società, pur rimanendo fedeli ai principi fondamentali dell'Islam.

Un'altra area critica negli studi coranici avanzati è *Ulum al-Qur'an* , le scienze del Corano. Questo comprende varie discipline, tra cui lo studio della compilazione del Corano, la sua struttura, le diverse modalità di recitazione (*Qira'at*) e la conservazione del suo testo. Una delle scienze chiave è lo studio di *Nasikh wa Mansukh* , il concetto di abrogazione nel Corano, dove si ritiene che alcuni versetti siano stati sostituiti da rivelazioni successive. Comprendere questo concetto è fondamentale per gli studiosi per interpretare il Corano in modo accurato in questioni legali ed etiche.

Lo studio linguistico del Corano, noto come *Balagha* (retorica), è un altro campo avanzato che approfondisce l'eloquenza, lo stile e gli aspetti letterari del Corano. La lingua del Corano è considerata inimitabile e i suoi espedienti retorici, tra cui metafore, similitudini e allegorie, trasmettono significati profondi ed evocano immagini potenti. Gli studenti avanzati del Corano analizzano queste caratteristiche linguistiche per scoprire gli strati di significato e apprezzare la bellezza letteraria del Corano. Questo studio richiede spesso la conoscenza dell'arabo classico, poiché la lingua del Corano è unica e differisce dai dialetti moderni.

Lo studio del *Fiqh al-Qur'an* , o giurisprudenza coranica, è essenziale per coloro che sono interessati alla legge islamica. Il Corano è la fonte primaria della Shariah e la comprensione dei suoi versetti legali è fondamentale per sviluppare un quadro giuridico completo. Gli studiosi in questo campo analizzano le ingiunzioni, i comandamenti e i divieti del Corano, considerando i principi di *Maqasid al-Shariah* , gli obiettivi della legge islamica, che includono la protezione della fede, della vita, dell'intelletto, della discendenza e della proprietà. Questo campo richiede una profonda comprensione sia del Corano che degli Hadith, nonché la capacità di applicare queste fonti alle questioni legali contemporanee.

Gli studi avanzati sul Corano implicano anche l'esplorazione degli insegnamenti etici e spirituali del Corano. Il Corano si rivolge all'anima umana, offrendo una guida sul comportamento morale, sullo sviluppo personale e sul percorso verso l'illuminazione spirituale. Studiosi e studenti possono impegnarsi in *Tazkiyah* (purificazione spirituale) e *Ihsan* (eccellenza nell'adorazione), riflettendo sugli insegnamenti del Corano per raggiungere una connessione più profonda con Dio. I versetti del Corano sulla pazienza, la gratitudine, l'umiltà e la fiducia in Dio vengono studiati non solo per le loro implicazioni teoriche, ma anche per l'applicazione pratica nella vita quotidiana.

Lo studio dei *miracoli coranici* (I'jaz al-Qur'an) è un altro ambito affascinante, che esplora le varie forme di miracoli nel Corano, tra cui la sua inimitabilità linguistica, le sue intuizioni scientifiche e le sue previsioni di eventi futuri. Gli studiosi analizzano come il Corano, rivelato oltre 1.400 anni fa, affronti fenomeni naturali, questioni sociali e dilemmi etici in modi che continuano a risuonare con il pensiero scientifico e filosofico moderno. Questo campo spesso coinvolge la ricerca interdisciplinare, attingendo da scienza, storia e teologia.

Oltre a queste aree, gli studi coranici avanzati spesso includono studi comparativi, in cui gli studiosi esaminano come il Corano interagisce e si differenzia da altri testi religiosi, come la Bibbia e la Torah. Questo approccio comparativo aiuta a comprendere le caratteristiche uniche del Corano e il suo messaggio universale, promuovendo al contempo il dialogo e la comprensione interreligiosa.

Infine, gli studenti avanzati del Corano si impegnano nel *Tahqiq*, ovvero l'editing critico e la verifica dei manoscritti classici. Questa attività accademica implica l'assicurarsi che il Corano e i testi correlati siano stati trasmessi accuratamente attraverso le generazioni. Richiede un esame meticoloso dei manoscritti antichi, il loro controllo incrociato con le copie esistenti e la risoluzione di eventuali varianti testuali.

In sintesi, gli studi avanzati del Corano sono un impegno completo e multiforme, che comprende lo studio della recitazione, dell'esegesi, dell'analisi linguistica, della giurisprudenza, dell'etica, della spiritualità e altro ancora. Questi studi mirano non solo ad approfondire la comprensione del Corano, ma anche ad applicare i suoi insegnamenti nella vita personale e a contribuire alla più ampia tradizione intellettuale islamica. Per coloro che perseguono questi studi avanzati, il Corano diventa non solo un testo da leggere, ma un compagno e una guida per tutta la vita, offrendo saggezza e guida in ogni aspetto della vita.

Studi sull'Hadith

Gli studi sugli hadith sono un aspetto cruciale dell'erudizione islamica, incentrati sui detti, le azioni e le approvazioni del profeta Maometto. Questi resoconti, noti come *hadith* , sono secondi solo al Corano per importanza nella tradizione islamica. Forniscono contesto, chiarimenti e applicazione pratica degli insegnamenti del Corano, plasmando la legge islamica, l'etica e le pratiche quotidiane.

Lo studio degli hadith implica un'analisi completa di vari aspetti di questi resoconti, tra cui la loro autenticità, la catena di trasmissione e il contenuto. Questo campo di studio è essenziale per comprendere l'intera portata degli insegnamenti islamici e garantire che le interpretazioni della guida del Profeta siano accurate e affidabili.

Uno degli elementi fondamentali degli studi sugli hadith è la classificazione degli hadith in categorie in base alla loro autenticità. Gli studiosi hanno sviluppato una scienza rigorosa per valutare l'affidabilità degli hadith, che include l'esame della catena di narratori (*isnad*) e del testo stesso (*matn*). La catena di narratori viene esaminata attentamente per garantire che ogni individuo nella catena sia affidabile, accurato e abbia una memoria forte. Il testo viene analizzato per coerenza con altri hadith autentici e il Corano, nonché per il suo allineamento con i principi islamici stabiliti.

Gli hadith sono generalmente classificati in diverse categorie: *Sahih* (autentici), *Hasan* (buoni) e *Da'if* (deboli). Gli hadith *Sahih* hanno una catena continua di narratori affidabili e sono considerati i più affidabili. Gli hadith *Hasan* hanno una catena generalmente affidabile ma possono avere alcuni problemi minori. Gli hadith *Da'if* , essendo deboli, possono avere problemi nella loro catena o contenuto e il loro uso è spesso limitato in questioni legali e teologiche.

Un'altra area critica negli studi sugli hadith è l'esame della *Sihah Sittah* , le sei principali raccolte di hadith compilate da eminenti studiosi. Queste raccolte, *Sahih al-Bukhari* , *Sahih Muslim* , *Sunan Abu*

Dawood , *Sunan at-Tirmidhi* , *Sunan an-Nasa'i* e *Sunan Ibn Majah* , rappresentano le fonti di hadith più rispettate. Ogni raccolta ha la sua metodologia per selezionare e verificare gli hadith, riflettendo i criteri e gli approcci degli studiosi all'autenticità.

Oltre all'autenticità, gli studi sugli hadith implicano la comprensione del contesto in cui sono stati registrati i detti e le azioni del Profeta. Ciò include l'esplorazione del background storico, sociale e culturale degli hadith, che aiuta gli studiosi a interpretarli correttamente e ad applicarli a questioni contemporanee. La comprensione del contesto implica anche l'esame delle circostanze che circondano la rivelazione degli hadith, le interazioni del Profeta con i suoi compagni e le norme sociali dell'epoca.

Lo studio dell'hadith include anche l'analisi di *Matn al-Hadith* , il contenuto o il testo dell'hadith. Gli studiosi valutano il contenuto per la sua coerenza con altri hadith noti e con il Corano. Valutano anche se l'hadith affronta questioni relative a sentenze legali, guida etica o condotta personale. L'obiettivo è garantire che le interpretazioni e le applicazioni dell'hadith siano in linea con gli insegnamenti islamici e contribuiscano positivamente alla fede e alla pratica dei musulmani.

L' *Ilm al-Hadith* , o scienza dell'hadith, comprende varie sottodiscipline, tra cui *Ilal* (lo studio dei difetti nascosti nell'hadith), *Jarh wa Ta'dil* (la valutazione dell'affidabilità dei narratori) e *Mustalah al-Hadith* (la terminologia e i principi della classificazione dell'hadith). Queste discipline forniscono un quadro per la valutazione dell'hadith e garantiscono l'integrità della letteratura hadith.

Gli studi sugli hadith implicano anche l'esame di *Shuruh* (commenti) su raccolte di hadith. Gli studiosi hanno scritto ampi commenti sulle principali raccolte di hadith, spiegando i significati, i contesti e le implicazioni dei resoconti. Questi commenti forniscono preziose intuizioni sugli hadith e aiutano i musulmani a comprendere e applicare gli insegnamenti del Profeta nelle loro vite.

In sintesi, gli studi sugli hadith sono un campo complesso e sfaccettato che svolge un ruolo fondamentale nella comprensione e nell'applicazione degli insegnamenti islamici. Esaminando l'autenticità, il contesto e il contenuto degli hadith, gli studiosi assicurano che la guida del Profeta Muhammad sia trasmessa in modo accurato e praticata fedelmente. Questo approccio rigoroso agli studi sugli hadith aiuta a preservare l'integrità degli insegnamenti islamici e fornisce una base per interpretare e applicare la saggezza del Profeta in vari aspetti della vita.

Storia islamica

La storia islamica abbraccia oltre quattordici secoli, comprendendo l'ascesa di una civiltà religiosa e culturale che ha plasmato in modo significativo la storia globale. È segnata dall'emergere dell'Islam, dalla vita del profeta Maometto, dalla diffusione della religione nei continenti e dallo sviluppo di vari imperi e società islamiche.

La fondazione della storia islamica inizia con la vita del profeta Maometto, nato alla Mecca intorno al 570 d.C. La prima infanzia di Maometto fu segnata dalla sua reputazione di onestà e integrità, che gli fece guadagnare il titolo di *Al-Amin* (il degno di fiducia). All'età di 40 anni, iniziò a ricevere rivelazioni da Dio attraverso l'angelo Gabriele, che furono poi raccolte nel Corano. Queste rivelazioni sfidavano le pratiche politeistiche della Mecca e richiedevano l'adorazione di un solo Dio, la giustizia sociale e la riforma morale.

Il messaggio di Muhammad incontrò una forte opposizione da parte della tribù dei Quraysh alla Mecca, che portò alla persecuzione dei suoi seguaci. Nel 622 d.C., Muhammad e i suoi seguaci migrarono a Yathrib, in seguito nota come Medina, in un evento noto come Hijra . Questa migrazione segnò l'inizio del calendario islamico. A Medina, Muhammad fondò una comunità musulmana e una costituzione che gettò le basi per il governo islamico e l'ordine sociale.

Nel decennio successivo, Muhammad guidò i suoi seguaci in diverse battaglie e negoziazioni, consolidando lo stato musulmano. Entro il 630 d.C., lui e i suoi seguaci avevano conquistato pacificamente la Mecca, purificando la Kaaba dai suoi idoli e ristabilendola come centro di culto monoteistico. La morte di Muhammad nel 632 d.C. segnò la fine della sua leadership diretta, ma diede inizio al periodo del *Califfato di Rashidun* .

Il *Califfato di Rashidun* (632-661 d.C.) fu guidato dai primi quattro califfi: Abu Bakr, Umar ibn al-Khattab, Uthman ibn Affan e Ali ibn Abi Talib. Questo periodo è caratterizzato dalla rapida espansione del territorio islamico oltre la penisola arabica, inclusa la conquista di parti degli imperi bizantino e sasanide. Il Califfato fu anche segnato da conflitti interni, tra cui la *Prima Fitna* (656-661 d.C.), una serie di guerre civili e conflitti politici.

Dopo il califfato di Rashidun, il *califfato degli Omayyadi* (661-750 d.C.) emerse sotto la guida della dinastia degli Omayyadi. Gli Omayyadi stabilirono la loro capitale a Damasco e supervisionarono un'ulteriore espansione territoriale, che si estendeva dalla Spagna a ovest all'India a est. Questo periodo vide lo sviluppo di una distinta cultura islamica e di una struttura amministrativa, ma fu anche caratterizzato da un crescente malcontento tra vari gruppi musulmani, che portò all'ascesa del *califfato abbaside* .

Il *Califfato abbaside* (750-1258 d.C.) successe agli Omayyadi e stabilì la sua capitale a Baghdad. L'era abbaside è spesso considerata un'età dell'oro della civiltà islamica, caratterizzata da significativi progressi nella scienza, nella filosofia, nella medicina e nelle arti. Il periodo vide il fiorire della vita intellettuale e culturale, con studiosi che tradussero testi greci, persiani e indiani in arabo e diedero contributi originali a vari campi. Tuttavia, il Califfato abbaside alla fine affrontò la frammentazione e il declino, portando all'ascesa di potenze regionali.

Il declino del Califfato abbaside aprì la strada all'emergere di varie dinastie e imperi islamici. Il *Califfato fatimide* (909-1171 d.C.), con capitale al Cairo, e l' *Impero selgiuchide* (1037-1194 d.C.) in Anatolia, furono attori significativi in questo periodo. Il *Sultanato mamelucco* (1250-1517 d.C.) governò l'Egitto e il Levante ed è noto per la sua abilità militare e il patrocinio delle arti e dell'architettura.

L' *Impero Ottomano* (1299-1922 d.C.) è uno degli imperi islamici più influenti della storia. Fondati da Osman I, gli Ottomani crearono un vasto impero che si estendeva nell'Europa sudorientale, nell'Asia occidentale e nel Nord Africa. La capitale dell'impero fu inizialmente Bursa, poi Edirne e infine Costantinopoli (Istanbul) dopo la sua conquista nel 1453 d.C. Gli Ottomani presiedettero un periodo di notevole stabilità politica, espansione militare e conquiste culturali. Il sistema amministrativo, i codici legali e le innovazioni architettoniche dell'impero lasciarono un'eredità duratura.

Nell'era moderna, il declino dell'Impero ottomano e l'impatto del colonialismo europeo hanno portato a significativi cambiamenti politici, sociali e culturali nel mondo musulmano. L'inizio del XX secolo ha visto la disintegrazione dell'Impero ottomano e l'ascesa di nuovi stati nazionali in Medio Oriente e Nord Africa. La fondazione della Repubblica di Turchia nel 1923, sotto Mustafa Kemal Atatürk, ha segnato un significativo passaggio dal sistema del califfato ottomano a una repubblica laica.

Il periodo contemporaneo nella storia islamica è caratterizzato dalla lotta per la stabilità politica, lo sviluppo economico e la riforma sociale in molti paesi a maggioranza musulmana. L'ascesa dell'Islam politico, la diffusione di ideologie radicali e i conflitti in corso in Medio Oriente hanno plasmato gli eventi attuali. Gli sforzi verso la modernizzazione e la riforma continuano mentre i paesi a maggioranza musulmana navigano nelle loro identità post-coloniali e cercano di bilanciare tradizione e progresso.

In sintesi, la storia islamica è un arazzo ricco e complesso che abbraccia oltre quattordici secoli, comprendendo l'ascesa e la caduta degli imperi, la diffusione di pratiche religiose e culturali e l'evoluzione continua del mondo musulmano. Dalla vita del profeta Maometto e dei primi califfati all'Impero ottomano e alle sfide contemporanee, la storia islamica riflette la natura dinamica e sfaccettata di una civiltà che ha profondamente influenzato la storia globale e continua a plasmare il presente e il futuro.

Legge islamica (Sharia)

La legge islamica, o *Sharia* , è un sistema legale ed etico completo derivato dal Corano e dagli Hadith (detti e azioni del profeta Maometto). Comprende un'ampia gamma di aspetti, tra cui il culto, la condotta personale, le relazioni familiari, le transazioni commerciali e la giustizia penale. La Sharia funge da guida per i musulmani su come vivere una vita gradita a Dio e in armonia con i principi dell'Islam.

La Sharia non è semplicemente un insieme di leggi, ma un sistema olistico che integra dimensioni legali, morali e spirituali. Mira a sostenere la giustizia, l'equità e il bene comune, riflettendo la volontà divina come articolata negli insegnamenti islamici. Le fonti primarie della Sharia sono il Corano e gli Hadith, che forniscono i principi fondamentali e una guida dettagliata per vari aspetti della vita.

L'interpretazione e l'applicazione della Sharia coinvolgono diverse metodologie chiave. La più significativa è *l'Ijtihad* , o ragionamento indipendente, in cui gli studiosi applicano i principi derivati dal Corano e dagli Hadith a nuove situazioni e questioni non esplicitamente affrontate nei testi primari. Questo processo consente l'adattamento della legge islamica alle circostanze mutevoli e alle esigenze sociali in evoluzione. Gli studiosi utilizzano *Qiyas* (analogia), *Ijma* (consenso) e *Istihsan* (preferenza giuridica) per prendere decisioni legali informate e garantire che le interpretazioni rimangano pertinenti e pratiche.

La giurisprudenza islamica, o *Fiqh* , è la scienza dell'interpretazione e dell'applicazione della Sharia. È divisa in varie scuole di pensiero, ciascuna con la sua metodologia e interpretazione. Le quattro principali scuole sunnite di giurisprudenza sono le scuole Hanafi, Maliki, Shafi'i e Hanbali. Ogni scuola ha sviluppato i propri principi legali e sentenze basati sul Corano, Hadith e il consenso dei primi studiosi. Anche l'Islam sciita ha la sua tradizione legale, con la scuola Ja'fari che è la più importante tra i musulmani sciiti.

Oltre alle fonti primarie, l'applicazione della Sharia implica la considerazione di *Maslaha* (interesse pubblico) e *Maqasid al-Shariah* (gli obiettivi della Sharia). Questi concetti assicurano che le sentenze legali servano il bene superiore e siano in linea con gli obiettivi più elevati di preservare la fede, la vita, l'intelletto, la discendenza e la proprietà. Concentrandosi su questi obiettivi, la Sharia cerca di promuovere la giustizia, l'equità e il benessere degli individui e della società.

La Sharia comprende vari aspetti della vita personale e sociale. Nella condotta personale, fornisce linee guida per il comportamento morale, tra cui onestà, integrità e rispetto per gli altri. Affronta questioni come le leggi alimentari, i codici di abbigliamento e l'igiene personale, sottolineando l'importanza della pulizia e della modestia.

Nel diritto di famiglia, la Sharia delinea i diritti e le responsabilità dei membri della famiglia, tra cui matrimonio, divorzio ed eredità. Il matrimonio è visto come un vincolo sacro e la Sharia fornisce regolamenti dettagliati sui diritti e i doveri dei coniugi, sul processo di divorzio e sulla divisione dell'eredità. I principi di correttezza ed equità sono centrali nel diritto di famiglia, assicurando che i diritti di tutti i membri della famiglia siano protetti.

Nelle transazioni commerciali e finanziarie, la Sharia promuove una condotta etica e proibisce pratiche considerate dannose o sfruttatrici. Ad esempio, *la Riba* (usura) è severamente proibita e le transazioni devono essere condotte in modo trasparente ed equo. La Sharia incoraggia il commercio e gli scambi, sottolineando al contempo l'onestà e l'integrità nelle transazioni finanziarie.

Il diritto penale secondo la Sharia include disposizioni per vari reati, tra cui furto, adulterio e false accuse. Le punizioni sono intese a essere sia giuste che riformatrici, mirando a scoraggiare il crimine e offrendo al contempo opportunità di pentimento e riabilitazione. L'applicazione del diritto penale secondo la Sharia richiede spesso un elevato standard di prove e la considerazione di fattori attenuanti.

Una delle sfide più significative nell'applicazione della Sharia è bilanciare le interpretazioni tradizionali con le questioni contemporanee. Con l'evoluzione delle società, l'applicazione della Sharia deve affrontare nuove questioni legali ed etiche che non erano presenti nei primi contesti islamici. Ciò richiede una comprensione sfumata sia della lettera che dello spirito della legge, nonché la volontà di impegnarsi in un'interpretazione ponderata e informata.

Nei tempi moderni, l'implementazione della Sharia varia ampiamente nei diversi paesi e comunità. Alcuni paesi a maggioranza musulmana incorporano la Sharia nei loro sistemi legali in misura variabile, spesso insieme alle leggi secolari. In altri, la Sharia è applicata principalmente in questioni di status personale, come il diritto di famiglia, mentre le questioni civili e penali sono disciplinate dal diritto secolare.

La diversa applicazione della Sharia riflette l'adattabilità della legge islamica e la sua capacità di soddisfare le esigenze di diverse società pur rimanendo fedele ai suoi principi fondamentali. Studiosi e giuristi continuano a impegnarsi in dibattiti e discussioni su come applicare al meglio la Sharia nei contesti contemporanei, sforzandosi di garantire che la sua attuazione rimanga giusta, equa e allineata con i valori fondamentali dell'Islam.

In sintesi, la legge islamica, o Sharia, è un sistema completo che regola vari aspetti della vita, tra cui la condotta personale, le relazioni familiari, le transazioni commerciali e la giustizia penale. Derivata dal Corano e dagli Hadith, la Sharia integra dimensioni legali, morali e spirituali, mirando a promuovere la giustizia, l'equità e il bene comune. L'interpretazione e l'applicazione della Sharia coinvolgono una gamma di metodologie e principi, che riflettono la natura dinamica e in evoluzione della giurisprudenza islamica. Mentre le società cambiano, la Sharia continua ad adattarsi, sforzandosi di sostenere i suoi valori fondamentali e affrontando al contempo le sfide contemporanee.

Sufismo e spiritualità

Il sufismo, o *Tasawwuf*, rappresenta la dimensione mistica e spirituale dell'Islam, focalizzandosi sull'esperienza interiore e personale di Dio. Sottolinea lo sviluppo di una relazione profonda e personale con il divino attraverso pratiche che promuovono la crescita spirituale, la purezza del cuore e l'autoconsapevolezza. Il sufismo cerca di trascendere il mondo materiale e raggiungere una connessione diretta ed esperienziale con Dio, spesso descritta come l'obiettivo finale del percorso sufi.

Le origini del sufismo possono essere fatte risalire ai primi giorni dell'Islam, dove l'enfasi sulla purezza interiore e la devozione erano parte integrante della vita del profeta Maometto e dei suoi compagni. Nel tempo, il sufismo si è evoluto in una tradizione distinta con le sue pratiche, insegnamenti e strutture organizzative. I primi sufi erano noti per il loro ascetismo, la loro pietà e la loro dedizione alle pratiche spirituali che miravano a purificare l'anima e ad avvicinarsi a Dio.

Centrale nel Sufismo è il concetto di *Ihsan* , che significa impegnarsi per l'eccellenza nell'adorazione e nella condotta. Il Profeta Muhammad descrisse Ihsan come adorare Dio come se lo si vedesse, e anche se non lo si vedesse, sapendo che Dio vede noi. Questo profondo senso di consapevolezza e presenza divina è un aspetto fondamentale della spiritualità Sufi. I Sufi spesso si impegnano in pratiche come *dhikr* (ricordo di Dio), *salah* (preghiera) e *muraqaba* (meditazione) per coltivare questa consapevolezza e approfondire la loro connessione spirituale.

Il sufismo pone una forte enfasi sulla trasformazione interiore del sé. Il viaggio di un sufi è spesso descritto come un processo di purificazione e di auto-scoperta, in cui ci si confronta e si supera l'ego, o *nafs* . L'obiettivo è raggiungere uno stato di illuminazione spirituale e vicinanza a Dio, caratterizzato da qualità come umiltà, amore e compassione. Questa trasformazione è spesso guidata da un maestro spirituale o *shaykh* , che fornisce guida, supporto e saggezza lungo il percorso.

Uno degli aspetti chiave del sufismo è l'uso del simbolismo e della metafora per esprimere verità spirituali. La letteratura sufi è ricca di opere poetiche e allegoriche che trasmettono profonde intuizioni spirituali. Rinomati poeti sufi come Rumi, Hafez e Ibn Arabi hanno utilizzato la poesia per esplorare temi di amore divino, unità e ricerca di significato spirituale. I loro scritti spesso enfatizzano l'idea dell'amore divino come forza trasformativa che trascende i limiti del mondo materiale e conduce a una comprensione più profonda di Dio.

Il sufismo comprende anche pratiche e rituali comunitari che promuovono la connessione e l'unità spirituale. L'ordine sufi, o *tariqa* , è una fratellanza o sorellanza spirituale che segue un percorso specifico sotto la guida di uno shaykh. Questi ordini hanno spesso pratiche, insegnamenti e forme di culto distinti. Le pratiche comuni includono recitazioni di gruppo di dhikr, preghiere comunitarie e raduni spirituali noti come *majalis* . Questi rituali aiutano a rafforzare i legami tra i membri e facilitano la ricerca collettiva della crescita spirituale.

Il concetto di amore divino, o *ishq* , è centrale nella spiritualità sufi. I sufi credono che l'amore per Dio sia la forza trainante dietro ogni sforzo spirituale e che sperimentare l'amore di Dio porti alla vera realizzazione e gioia. Questo amore è spesso espresso attraverso atti di devozione, compassione e servizio verso gli altri. I sufi vedono l'amore come un mezzo per trascendere il sé e sperimentare un profondo senso di unità con il divino.

Il sufismo ha dovuto affrontare varie sfide e critiche nel corso della sua storia. Alcuni studiosi islamici ortodossi hanno visto certe pratiche e credenze sufi come deviazioni dagli insegnamenti islamici tradizionali. Tuttavia, il sufismo ha anche apportato contributi significativi al pensiero, alla cultura e alla pratica islamica. Ha svolto un ruolo fondamentale nella diffusione dell'Islam in diverse regioni e ha influenzato vari aspetti dell'arte, della letteratura e della filosofia islamica.

Nei tempi moderni, il sufismo continua a prosperare e ad adattarsi ai contesti moderni. Molti ordini e praticanti sufi sono attivamente impegnati nel dialogo interreligioso, nella giustizia sociale e nel servizio alla comunità. L'enfasi del sufismo sulla trasformazione interiore e sulla crescita spirituale risuona con gli individui che cercano un significato e una connessione più profondi in un mondo in rapido cambiamento.

In sintesi, il sufismo rappresenta la dimensione mistica e spirituale dell'Islam, concentrandosi sull'esperienza interiore di Dio e sulla trasformazione del sé. Comprende pratiche come il ricordo, la meditazione e la poesia che mirano ad approfondire la propria connessione spirituale e a coltivare l'amore divino. Il sufismo ha una ricca tradizione di pensiero mistico e pratica comunitaria, e continua a offrire un percorso di esplorazione spirituale e crescita personale nel mondo moderno.

Come affrontare dubbi e domande

Gestire dubbi e domande è un aspetto cruciale del proprio percorso nell'abbracciare e praticare l'Islam. Dubbi e domande possono sorgere da varie fonti, che derivino da incertezze personali, sfide esterne o dal processo di integrazione di nuove credenze nella propria vita. Affrontare questi dubbi in modo efficace implica una combinazione di introspezione, ricerca della conoscenza e coinvolgimento con la più ampia comunità musulmana.

Il primo passo per affrontare i dubbi è riconoscerli e accettarli come parte naturale del processo di sviluppo della fede. I dubbi non sono intrinsecamente negativi; possono essere un'opportunità per una comprensione più profonda e una fede più forte se affrontati in modo costruttivo. L'Islam incoraggia i ricercatori a porre domande e cercare chiarezza come parte della loro crescita spirituale. Il Corano e gli Hadith sottolineano entrambi l'importanza di cercare conoscenza e comprensione, e molti studiosi di spicco hanno affrontato vari dubbi nel corso della storia islamica.

Un modo efficace per affrontare i dubbi è attraverso l'istruzione. Impegnarsi con fonti affidabili di conoscenza islamica, come il Corano, gli Hadith e le opere di studiosi stimati, può fornire chiarezza e rispondere a molte domande. È importante avvicinarsi a queste fonti con una mente aperta e la volontà di imparare. Frequentare lezioni, partecipare a circoli di studio e leggere libri di teologia, giurisprudenza e storia islamica può aiutare a costruire una solida base e ad affrontare dubbi specifici.

Può essere utile anche consultare individui competenti ed esperti, come studiosi, imam o mentori. Questi individui possono offrire guida, fornire contesto e affrontare preoccupazioni specifiche in base alla loro competenza. Impegnarsi in un dialogo aperto e rispettoso con membri competenti della comunità può aiutare a chiarire idee sbagliate e fornire rassicurazioni.

Riflettere sulle proprie esperienze personali e sul proprio percorso spirituale è un altro aspetto importante per gestire i dubbi. La riflessione personale consente agli individui di esaminare le proprie convinzioni, valori ed esperienze alla luce degli insegnamenti islamici. La preghiera e la supplica (dua) possono essere strumenti potenti per cercare guida e conforto. Chiedere a Dio chiarezza e forza per gestire i dubbi può aiutare a nutrire la fede e risolvere le incertezze.

Comprendere che il dubbio è parte dell'esperienza umana può anche offrire conforto. Molti compagni del profeta Maometto e i primi studiosi musulmani hanno sperimentato dubbi e lotte nel loro cammino di fede. Le loro esperienze e risoluzioni possono servire come lezioni ed esempi preziosi. Riconoscere che altri hanno affrontato sfide simili e ne sono usciti con una fede rafforzata può essere incoraggiante.

È anche utile impegnarsi con la comunità musulmana più ampia. Essere parte di una comunità di supporto può fornire un senso di appartenenza e rassicurazione. Partecipare ad attività comunitarie, come preghiere, gruppi di studio ed eventi sociali, può rafforzare il proprio legame con l'Islam e offrire opportunità di apprendimento e supporto. Il senso di solidarietà e di esperienza condivisa può aiutare ad alleviare i sentimenti di isolamento e incertezza.

Quando si affrontano dubbi relativi a questioni specifiche o sfide contemporanee, può essere utile ricercare conoscenze o prospettive specializzate. Ad esempio, se sorgono dubbi su determinati aspetti della legge islamica, dell'etica o di questioni moderne, consultare studiosi specializzati in tali aree può fornire risposte dettagliate e informate. Questo approccio garantisce che le risposte siano ben fondate e pertinenti alle preoccupazioni specifiche.

Infine, è importante affrontare dubbi e domande con pazienza e perseveranza. Costruire e alimentare la fede è un processo continuo, ed è naturale che gli individui incontrino periodi di incertezza. Mantenere un atteggiamento positivo, essere aperti all'apprendimento e continuare a cercare conoscenza e guida può aiutare a superare queste sfide.

In sintesi, affrontare dubbi e domande è parte integrante del percorso di adozione e pratica dell'Islam. Riconoscere i dubbi, ricercare la conoscenza, consultare individui competenti, riflettere sulle esperienze personali e impegnarsi con la comunità musulmana sono tutte strategie efficaci per affrontare le incertezze. Affrontando i dubbi con pazienza e la volontà di imparare, gli individui possono rafforzare la propria fede e raggiungere maggiore chiarezza e comprensione.

Gestire l'opposizione

Gestire l'opposizione, che provenga dalla famiglia, dagli amici o dalla società, è una sfida comune a molti individui che abbracciano l'Islam. Questa opposizione può manifestarsi in varie forme, tra cui scetticismo, critica o aperta ostilità. Gestire queste sfide richiede pazienza, resilienza e un approccio ponderato per gestire e affrontare efficacemente le preoccupazioni mantenendo la propria fede e il proprio impegno.

Uno dei primi passi nella gestione dell'opposizione è comprendere la natura dell'opposizione. Riconoscere che l'opposizione spesso deriva da una mancanza di comprensione, disinformazione o valori e convinzioni differenti. Le persone possono rispondere negativamente a causa della paura dell'ignoto o di idee preconcette sull'Islam. Affrontare queste reazioni con empatia e la volontà di impegnarsi in un dialogo costruttivo può aiutare a colmare le lacune e dissipare idee sbagliate.

Una comunicazione chiara e aperta è fondamentale quando si ha a che fare con l'opposizione. Quando ci si confronta con domande o critiche, affrontare la conversazione con rispetto e un atteggiamento calmo. Fornire informazioni accurate sull'Islam, spiegare le convinzioni personali e condividere aspetti positivi della fede può aiutare a promuovere la comprensione. È importante ascoltare attivamente le preoccupazioni degli altri e affrontarle con attenzione senza diventare sulla difensiva o conflittuali.

Anche istruirsi a fondo sull'Islam è essenziale. Essere ben informati consente agli individui di rispondere a domande e critiche con sicurezza e chiarezza. Ciò include la comprensione di aspetti chiave delle credenze, delle pratiche e della storia islamica. Avere una solida base di conoscenza consente di affrontare idee sbagliate e fornire informazioni accurate in modo efficace.

Coinvolgere reti di supporto, come musulmani, leader della comunità o mentori, può fornire una guida e un incoraggiamento preziosi. Questi individui possono offrire consigli su come gestire l'opposizione, condividere le proprie esperienze e fornire supporto emotivo. Essere parte di una comunità di supporto aiuta a rafforzare la propria fede e fornisce un senso di solidarietà.

È anche importante dimostrare i principi dell'Islam attraverso le proprie azioni. Vivere i valori di gentilezza, pazienza e rispetto può servire come una potente testimonianza della fede. Le azioni spesso parlano più delle parole e dimostrare l'impatto positivo degli insegnamenti islamici nella propria vita quotidiana può contrastare gli stereotipi negativi e mettere in luce i valori di compassione e giustizia.

Gestire l'opposizione di familiari e amici richiede ulteriore sensibilità e attenzione. Le relazioni personali possono essere profondamente influenzate dalle differenze religiose e gestire queste dinamiche richiede di bilanciare le proprie convinzioni con il mantenimento dell'armonia familiare. Conversazioni aperte e oneste con i propri cari sul proprio percorso di fede possono aiutare a costruire una comprensione reciproca. È fondamentale affrontare queste discussioni con empatia, riconoscendo le loro preoccupazioni ed esprimendo al contempo la propria prospettiva.

In alcuni casi, potrebbe essere necessario stabilire dei limiti per proteggere il proprio benessere. Se l'opposizione diventa eccessivamente dura o dannosa, è importante dare priorità alla salute mentale ed emotiva personale. Cercare una guida da leader o consulenti della comunità può fornire strategie per gestire interazioni difficili e mantenere la propria tranquillità.

Anche le preghiere e le suppliche sono strumenti potenti per gestire l'opposizione. Cercare forza e guida da Dio può fornire conforto e chiarezza durante i periodi difficili. Impegnarsi regolarmente in preghiere e pratiche spirituali aiuta a mantenere un senso di pace interiore e determinazione.

In definitiva, gestire l'opposizione implica una combinazione di pazienza, istruzione, comunicazione rispettosa e resilienza personale. Affrontando l'opposizione in modo ponderato e dimostrando i valori dell'Islam attraverso le proprie azioni, gli individui possono superare queste sfide rimanendo fedeli alla propria fede. È importante ricordare che l'opposizione è un'esperienza comune e che la perseveranza, insieme al supporto di una comunità forte, può aiutare a superare questi ostacoli e rafforzare il proprio percorso di fede.

Mantenere la fede in un ambiente non musulmano

Mantenere la fede in un ambiente non musulmano può essere un'esperienza impegnativa ma gratificante. Spesso comporta la gestione di differenze culturali, l'affrontare incomprensioni e restare fedeli alle proprie convinzioni mentre ci si impegna con una comunità eterogenea. Ecco alcune strategie e spunti per preservare la propria fede in tali circostanze.

Uno dei modi principali per mantenere la fede è attraverso l'impegno personale e la disciplina spirituale. Stabilire una pratica costante di preghiere quotidiane, leggere il Corano e impegnarsi nella riflessione personale aiuta a rafforzare la propria connessione con Dio e a rafforzare i principi religiosi. Questa disciplina personale fornisce una solida base e resilienza contro le pressioni esterne.

Costruire una rete di supporto è fondamentale. Connettersi con altri musulmani, sia tramite moschee locali, centri islamici o comunità online, può offrire incoraggiamento e solidarietà. Queste connessioni forniscono un senso di appartenenza e uno spazio per condividere esperienze, cercare consigli e ottenere supporto nel mantenere le pratiche religiose.

L'educazione alla propria fede è un altro aspetto fondamentale. Essere informati sulle credenze, le pratiche e la storia islamica aiuta gli individui a rispondere con sicurezza a domande o sfide. Questa conoscenza non solo aiuta a chiarire idee sbagliate, ma rafforza anche la convinzione personale. Partecipare a circoli di studio, assistere a lezioni e impegnarsi in discussioni con individui informati può approfondire ulteriormente la propria comprensione.

Creare un equilibrio tra pratiche religiose e vita quotidiana è essenziale. Ciò implica trovare modi pratici per osservare gli obblighi religiosi, adattandosi alle realtà della vita in un ambiente non musulmano. Ad esempio, trovare tempi e spazi appropriati per le preghiere, preparare cibo halal e osservare il digiuno durante il Ramadan, anche in un contesto non musulmano, sono tutti aspetti importanti per mantenere la fede.

Una comunicazione efficace è fondamentale quando si hanno a che fare con differenze culturali e religiose. Spiegare le proprie convinzioni e pratiche in modo rispettoso e chiaro può aiutare a promuovere la comprensione e ridurre i malintesi. Educare gli altri sull'Islam può dissipare gli stereotipi e costruire rispetto reciproco.

È anche importante praticare pazienza e resilienza. Affrontare sfide o incontrare pregiudizi richiede un forte senso di forza interiore e perseveranza. Abbracciare gli insegnamenti dell'Islam sulla pazienza e la resilienza aiuta a mantenere la concentrazione sugli obiettivi spirituali e a superare le difficoltà.

Mantenere la fede in un ambiente non musulmano implica bilanciare gli impegni religiosi con le interazioni sociali. È essenziale rispettare le convinzioni degli altri pur rimanendo fermi nei propri valori. Impegnarsi nel dialogo interreligioso e partecipare alle attività della comunità può promuovere il rispetto e la comprensione reciproci, dimostrando gli aspetti positivi dell'Islam.

In sintesi, mantenere la fede in un ambiente non musulmano implica una combinazione di impegno personale, creazione di reti di supporto, istruzione di sé stessi e bilanciamento delle pratiche religiose con la vita quotidiana. Attraverso una comunicazione efficace, pazienza e resilienza, gli individui possono affrontare le sfide della vita in un contesto diversificato, rimanendo fedeli alla propria fede.

Formazione continua e crescita

L'istruzione continua e la crescita personale sono essenziali per nutrire e approfondire la propria fede e comprensione dell'Islam. Questo continuo viaggio di apprendimento e sviluppo arricchisce la propria vita spirituale, rafforza la pratica religiosa e accresce la propria capacità di contribuire positivamente alla comunità. Abbracciare un impegno per l'apprendimento e la crescita permanente implica varie strategie e approcci.

In primo luogo, impegnarsi nello studio regolare del Corano e degli Hadith è fondamentale. Approfondire la propria comprensione delle fonti primarie dell'Islam aiuta a comprendere gli insegnamenti fondamentali e le loro applicazioni nella vita quotidiana. La recitazione regolare, la riflessione e lo studio di questi testi, con la guida di studiosi o gruppi di studio di buona reputazione, migliorano la comprensione e favoriscono la connessione spirituale.

È importante anche ampliare la conoscenza attraverso la letteratura e l'erudizione islamica. Leggere libri e articoli scritti da studiosi rispettati su argomenti come teologia, giurisprudenza, storia e spiritualità fornisce spunti e prospettive preziose. Partecipare a lezioni, seminari e workshop può facilitare ulteriormente l'apprendimento ed esporre a diversi punti di vista all'interno della tradizione islamica.

Partecipare a programmi di istruzione islamica formale è un'altra via per la crescita. Iscriversi a corsi offerti da università islamiche, piattaforme online o istituzioni educative locali può fornire apprendimento strutturato e rigore accademico. Questi programmi spesso coprono un'ampia gamma di materie, tra cui studi islamici avanzati, religione comparata e questioni contemporanee, contribuendo a un'istruzione completa.

Oltre agli studi religiosi tradizionali, è prezioso perseguire lo sviluppo personale e le competenze di vita. Imparare nozioni su leadership, comunicazione e risoluzione dei conflitti può migliorare la propria capacità di servire gli altri e contribuire efficacemente alla comunità. Integrare queste competenze con i principi islamici può aiutare a promuovere relazioni positive e ad affrontare le sfide contemporanee.

L'impegno con la comunità musulmana più ampia attraverso il volontariato e progetti di servizio offre esperienza pratica e crescita personale. Contribuire a iniziative di beneficenza, partecipare a iniziative di sensibilizzazione della comunità e sostenere cause di giustizia sociale sono in linea con i valori islamici e offrono opportunità per avere un impatto significativo.

Mantenere pratiche spirituali e auto-riflessione è fondamentale per una crescita continua. Preghiere regolari, meditazione e riflessione sulle proprie azioni e intenzioni aiutano a valutare i progressi e ad affrontare le aree di miglioramento. Anche chiedere feedback a mentori o guide spirituali può fornire preziose intuizioni e indicazioni.

Rimanere informati su questioni e sfide contemporanee nel mondo musulmano e oltre aiuta ad applicare gli insegnamenti islamici ai contesti attuali. Coinvolgere gli eventi attuali, comprendere le dinamiche socio-politiche ed esplorare come i principi islamici possano affrontare questioni moderne contribuisce a una pratica della fede più informata e pertinente.

È importante anche abbracciare la diversità all'interno della tradizione islamica. Imparare da diverse scuole di pensiero, pratiche culturali e interpretazioni amplia la propria prospettiva e promuove un approccio più inclusivo alla fede. Interagire con musulmani di diversa provenienza e tradizione può arricchire la propria comprensione e apprezzamento della comunità musulmana globale.

In sintesi, l'istruzione continua e la crescita implicano un approccio multiforme che include lo studio regolare dei testi islamici, l'ampliamento delle conoscenze attraverso la letteratura e l'istruzione formale, lo sviluppo di competenze personali e di vita, l'impegno nel servizio alla comunità e il mantenimento di pratiche spirituali.

Perseguendo queste strade, gli individui possono approfondire la propria fede, migliorare la propria comprensione dell'Islam e contribuire positivamente sia al proprio sviluppo personale che alla comunità più ampia.

Personaggi famosi che si sono convertiti all'Islam

Nel corso della storia, molti individui illustri provenienti da vari campi hanno abbracciato l'Islam, portando i loro diversi background ed esperienze alla loro nuova fede. Le loro conversioni spesso riflettono percorsi personali di scoperta e trasformazione spirituale, e hanno contribuito in modo significativo al mondo musulmano e oltre. Ecco alcune figure di spicco che si sono convertite all'Islam:

Una delle figure più note è Malcolm X, nato Malcolm Little. La sua conversione all'Islam e il suo successivo pellegrinaggio alla Mecca furono momenti cruciali della sua vita. Il viaggio di Malcolm X da una vita criminale a diventare un importante leader per i diritti civili e ministro musulmano è una testimonianza del potere trasformativo della fede. La sua autobiografia e i suoi discorsi continuano a ispirare molti con il loro messaggio di giustizia razziale, redenzione personale e risveglio spirituale.

Un altro convertito degno di nota è Muhammad Ali, il leggendario pugile noto per i suoi successi nello sport e la sua posizione schietta sui problemi sociali. La conversione di Ali all'Islam negli anni '60 è stato un evento significativo nella sua vita, segnando un cambiamento rispetto alla sua precedente identità di Cassius Clay. La sua adesione pubblica all'Islam e la sua difesa di varie cause sociali hanno contribuito ad aumentare la visibilità dei musulmani in America e hanno attirato l'attenzione su questioni di razza e religione.

Cat Stevens, ora noto come Yusuf Islam, è un musicista britannico convertitosi all'Islam negli anni '70. La sua carriera musicale, caratterizzata da successi come "Wild World" e "Peace Train", gli ha fatto guadagnare fama internazionale. Dopo la sua conversione, Yusuf Islam si è allontanato dall'industria musicale per concentrarsi sull'istruzione, la filantropia e la sua nuova fede. I suoi contributi a cause benefiche e i suoi sforzi per promuovere il dialogo interreligioso riflettono il suo impegno nei confronti dei valori islamici.

Un'altra figura di spicco è Linda Sarsour, attivista palestinese-americana e sostenitrice della giustizia sociale. Nota per il suo lavoro nell'organizzazione e nella guida di movimenti come la Women's March, l'attivismo di Sarsour è profondamente radicato nella sua fede musulmana. I suoi sforzi per affrontare questioni come l'ingiustizia razziale, l'uguaglianza di genere e i diritti degli immigrati l'hanno resa una voce di spicco nella politica americana e nella difesa sociale.

Nel regno della letteratura e del mondo accademico, spicca il defunto Muhammad Asad, nato originariamente con il nome di Leopold Weiss. Asad era un ebreo convertito all'Islam che divenne uno stimato studioso e scrittore. Le sue opere, tra cui "The Road to Mecca" e "The Message of the Qur'an", hanno dato un contributo significativo al pensiero islamico e alla comprensione dell'Islam nel mondo occidentale. Il suo viaggio da giornalista a studioso islamico illustra il profondo impatto che la conversione può avere sulla vita intellettuale e spirituale.

Questi individui, tra molti altri, dimostrano i diversi percorsi che portano ad abbracciare l'Islam e l'impatto di vasta portata che le loro conversioni hanno avuto sulle loro vite personali e sul mondo più ampio. Le loro storie riflettono come la fede possa ispirare la trasformazione e spingere gli individui a dare contributi significativi in vari campi, dalla giustizia sociale e l'attivismo allo sport e alle arti.

Conclusione

Il viaggio di conversione all'Islam è un'esperienza profondamente personale e trasformativa, caratterizzata da un profondo impegno nell'abbracciare nuove credenze, pratiche e uno stile di vita. Questo viaggio implica non solo un risveglio spirituale, ma anche un continuo processo di apprendimento, crescita e adattamento. Dalla comprensione dei principi fondamentali dell'Islam e dall'impegno con i suoi rituali e pratiche all'affrontare le sfide della vita in un ambiente non musulmano e all'affrontare l'opposizione, ogni passo è una testimonianza della propria dedizione e fede.

Abbracciare l'Islam richiede un profondo coinvolgimento con i suoi insegnamenti, tra cui il Corano e gli Hadith, e un impegno per lo sviluppo personale e spirituale. Ciò implica il riconoscimento del significato dei Cinque Pilastri dell'Islam (fede, preghiera, digiuno, carità e pellegrinaggio) come centrali per la pratica e la comprensione della religione. Attraverso questi pilastri, i convertiti trovano un percorso strutturato per adorare e connettersi con Dio.

Inoltre, il processo di conversione all'Islam spesso comporta la gestione di sfide esterne, come l'opposizione della famiglia o della società, e lotte interne, tra cui dubbi e domande. Gestire queste sfide con pazienza, resilienza e un approccio ponderato aiuta a rafforzare la propria fede e determinazione. Impegnarsi in un'istruzione continua, mantenere pratiche spirituali e cercare supporto dalla comunità musulmana sono fondamentali per superare questi ostacoli e garantire un percorso di fede appagante e resiliente.

Le esperienze di notevoli convertiti all'Islam evidenziano i diversi background e le trasformazioni personali che derivano dall'abbracciare la fede. Queste storie servono da ispirazione e dimostrano il profondo impatto che la conversione può avere sulla vita di un individuo e sulla sua capacità di contribuire in modo significativo a vari campi e comunità.

In conclusione, il viaggio di conversione all'Islam è un'esperienza sia personale che comunitaria. È un percorso di fede, crescita e impegno che richiede dedizione, riflessione e coinvolgimento attivo con gli insegnamenti dell'Islam. Attraverso la perseveranza e l'apprendimento continuo, i convertiti possono affrontare le sfide, abbracciare pienamente la fede e contribuire positivamente sia alla loro vita personale che alla più ampia comunità musulmana.